임원 보수와 퇴직금 규정
작성매뉴얼

강 석 원

코페하우스
임원보수규정센터

머리말

개정판(5판)을 내면서

이 책은 저자가 20여 년간 700여 중소기업 법인의 임원보수 제 규정을 작성과 교육, 컨설팅 등을 하면서 쌓은 경험과 지식을 바탕으로 가장 현실적인 중소기업 법인의 임원보수 제 규정을 작성하기 위한 실무지침서로 사용할 수 있도록 저술하였다.

임원보수 제 규정은 상법과 노동법, 세법 등을 비롯한 다양한 강행 법규와 판례, 예규 등을 검토하여 법정 임원의 보수 결정과 급여 지급기준의 규정으로 제정해야 하므로 이에 대한 사전검토와 전문지식 등이 요구된다.

이 책은 적법한 임원의 포괄보수 결정과 개별보수 지급기준을 정한 규정에 의하여 임원보수를 지급하지 않아 불이익 처분 대상이 되는 중소기업 법인에 중점을 두고 다음과 같이 저술하였다.

첫째, 〈임원과 임원보수의 이해와 범위〉를 설명하였다. 임원보수의 결정과 지급규정 제정에 필수인 임원의 구분과 범위, 임원보수의 종류와 범위를 명확히 설명하였다.

둘째, 〈임원보수결정서 작성과 관리〉의 목적과 필요성을 설명하였다. 임원보수의 결정은 법정 사항으로 결정기관의 결정 없이 임원에게 보수를 지급할 수 없다. 임원보수는 정관에 규정하거나 주주총회 또는 이사회의 결의로 한다. 이사·감사·집행임원·비등기임원의 임원보수결정 기준과 결의서 작성 방법을 사례와 예시를 두어 설명하였다.

셋째, 〈임원급여와 지급규정 작성과 관리〉의 목적과 필요성을 설명하였다. 임원 정기급여의 법정 지급기준과 손비기준 등 유의사항, 월급제·호봉제·연봉제·성과연봉제 등 임원급여 종류별 임원급여규정의 설계와 작성, 제정과 관리 방법 등을 사례와 예시를 두어 설명하였다.

넷째, 〈임원상여금과 지급규정」 작성과 관리〉의 목적과 필요성을 설명하였다. 임원상여금의 법정 급여지급기준과 손비기준 등 유의사항, 정기상여금·특별상여금·실적상여금·경영성과급 등 임원상여금의 종류별 임원상여금규정의 설계와 작성, 제정과 관리 방법 등을 사례와 예시를 두어 설명하였다.

다섯째, 〈임원퇴직금과 지급규정 작성과 관리〉의 목적과 필요성을 설명하였다. 임원퇴직금의 법정 지급기준과 손비기준 등 유의사항, 동일률·복수률·직위별·근속기간별 등 임원퇴직금 지급률 종류별 임원퇴직금규정의 설계와 작성, 제정과 관리 방법 등을 사례와 예시를 두어 설명하였다.

여섯째, 〈임원 개별보수포괄과 지급규정 작성과 관리〉의 목적과 필요성을 설명하였다. 임원의 개별보수인 급여, 상여, 퇴직금을 하나의 지급규정으로 작성하는 방법을 임원의 개별보수포괄 설계와 작성, 지급규정의 제정과 관리 방법 등을 사례와 예시를 두어 설명하였다.

끝으로 저자가 20여 년 이상을 상장회사와 중소기업 등의 임원보수 제 규정을 작성하고 컨설팅하면서 축적한 지식과 문제해결 방법을 책으로 설명하는 데는 한계가 있어 각각 법인기업에 적합한 맞춤 규정으로 작성하기에는 여러모로 부족하지만, 중소기업의 임원보수 결정과 지급규정의 작성과 관리의 표준을 제시하는 데 노력하였다. 앞으로 독자의 제안과 충고를 겸허히 수용하여 더 나은 내용으로 보답하고자 한다.

끝으로 이 책이 중소기업 법인 등의 임원 보수와 퇴직금 규정을 작성하는 데 조금이라도 도움이 된다면 저자로서 더할 수 없는 보람이겠습니다.

2023년 8월 31일
저자 강 석 원

2장	임원보수결정서 작성과 관리

4장   임원상여금과 지급규정 작성과 관리

5장   임원퇴직금과 지급규정 작성과 관리

| **6장** | 임원 개별보수포괄과 지급규정 작성과 관리 |

(읽어두기)

※ 이 책의 일부 글은 내용상 이해를 위해 띄어쓰기 등 국어 표기법을 따르지 않았습니다.

1장

임원과 임원보수의
이해와 범위

임원의 이해와 범위는?

법인의 임원은 누구를 말하나?

임원보수결정이 필요한 임원의 범위는?

왜? 임원의 범위가 중요한가.

왜? 상법상 노동법상 세법상 임원의 범위가 다른가.

임원보수의 이해와 범위는?

임원보수의 종류는?

임원보수결정에 포함하는 임원보수의 범위는?

왜? 임원보수의 범위가 중요한가.

왜? 상법상 노동법상 세법상 임원의 보수가 다른가.

이에 관하여

「1장 임원과 임원보수의 이해와 범위」에서 명확히 제시한다.

《 주식회사 임원의 구분 등 》

구분		선임	관련 법규
등기임원	이사	주주총회	상법§352
	감사	주주총회	상법§409
	집행임원	이사회 등	상법§408의2
비등기임원		이사회 등	-

1 주식회사 「이사」

이사의 구분

주식회사의 이사는 주주총회에서 선임하여 법인등기부의 「임원에 관한 사항」에 등기한 유형으로 구분한다.

《 주식회사 이사의 구분 등 》

구분		등기	위임계약	상근
이사	사내이사	○	○	○
	사외이사	○	○	×
	기타비상무이사	○	○	×

※ ○(해당), ×(해당없음)

사내이사

- 사내이사는 회사에 상근(常勤 날마다 출근하여 정해진 시간에 근무) 및 상무(常務 일상의 업무)에 종사하는 이사이다. 그러나 상근 여부와 관계없이 일상적인 이사의 업무를 집행할 수 있다.

회사의 법인등기부의 「임원에 관한 사항」에 「사내이사」로 등기한 이사이다. 사내이사는 「이사회의 구성원」으로 이사회에서 회사의 중요한 경영 판단의 의사결정을 한다.

● 사외이사

- 주식회사 사외이사(社外理事)는 회사의 상무(常務)에 종사하지 아니하는 이사이다.

회사의 법인등기부의 「임원에 관한 사항」에 「사외이사」로 등기한 이사이다. 사외이사는 「이사회의 구성원」으로 이사회에서 회사의 중요한 경영 판단의 의사결정을 한다.

사외이사는 어느 회사든 둘 수 있으나, 상장회사 등이 법정 사외이사를 두어야 한다.

● 기타비상무이사

- 주식회사 기타비상무이사는 회사의 상무(常務)에 종사하지 아니하는 이사이다.

회사의 법인등기부의 「임원에 관한 사항」에 「기타비상무이사」로 등기한 이사이다. 기타비상무이사는 「이사회의 구성원」으로 이사회에서 회사의 경영 판단의 의사결정을 한다.

기타비상무이사는 이사회 선임결의로 대표이사가 될 수 있으나, 이사로서 감사로 선임은 할 수 없다.

➡ 이사의 선임

- 주식회사의 이사는 주주총회의 결의로 선임한다. (상법§382①)

① 이사의 선임을 위한 주주총회 결의는 정관에 다른 정함이 있는 경우를 제외하고는 출석한 주주의 의결권의 과반수와 발행주식총수의 4분의 1 이상의 수로써 한다. (상법§368①)

② 감사는 이사를 겸할 수 없으나 그 외 일반적인 제한 규정은 없으나 사외이사는 상법에 그 자격의 제한 규정을 두고 있다.

🔘 임기

- 주식회사 이사의 임기는 3년을 초과하지 못한다. (상법 383②)

다만, 정관으로 임기 중의 최종의 결산기에 관한 정기주주총회의 종결에 이르기까지 그 임기를 연장할 수 있다(상법 383③). 또한, 회사의 정관으로 이사의 임기를 3년을 초과하지 아니하는 범위에서 1년 또는 2년 등으로 정할 수 있다. (상업등기 1-165-2003.6.10, 공법 3402-138

🔘 등기

- 이사는 주주총회에서 선임일로부터 2주간 이내에 관할법원의 상업등기소에 주식회사등기부에 등기하여야 한다(상법§317②8),

사내이사, 사외이사, 그 밖에 상무에 종사하지 아니하는 이사, 감사 및 집행임원의 성명과 주민등록번호

🔘 회사와의 관계

- 이사는 민법상 위임에 관한 규정을 준용한다. (상법§382②)

이사와 회사는 경영 등 위임에 관한 계약을 체결하여야 한다. 민법상 위임이란 당사자 일방이 상대방에 대하여 사무의 처리를 위탁하고 상대방이 이를 승낙함으로써 그 효력이 생긴다. (민법§680)

민법 위임에 관한 규정

제680조(위임의 의의) 위임은 당사자 일방이 상대방에 대하여 사무의 처리를 위탁하고 상대방이 이를 승낙함으로써 그 효력이 생긴다.
제681조(수임인의 선관의무) 수임인은 위임의 본지에 따라 선량한 관리자의 주의로써 위임사무를 처리하여야 한다.
제682조(복임권의 제한) ①수임인은 위임인의 승낙이나 부득이한 사유없이 제삼자로 하여금 자기에 갈음하여 위임사무를 처리하게 하지 못한다. 〈개정 2014.12.30.〉
②수임인이 전항의 규정에 의하여 제삼자에게 위임사무를 처리하게 한 경우에는 제121조, 제123조의 규정을 준용한다.
제683조(수임인의 보고의무) 수임인은 위임인의 청구가 있는 때에는 위임사무의 처리상황을 보고하고 위임이 종료한 때에는 지체없이 그 전말을 보고하여야 한다.

해임

- 이사는 언제든지 주주총회의 특별결의로 이를 해임할 수 있다. (상법 §385①)

이사의 임기를 정한 경우에 정당한 이유없이 그 임기 만료 전에 이를 해임한 때에는 그 이사는 회사에 대하여 해임으로 인한 손해의 배상을 청구할 수 있다. 일반적으로 경영위임계약을 체결할 때 임기 만료 전에 해임에 관하여 해임 사유와 손해배상에 관한 규정을 둔다.

주주총회의 특별결의는 출석한 주주의 의결권의 3분의 2 이상의 수와 발행주식총수의 3분의 1 이상의 수로써 하여야 한다. (상법§434)

대표이사

- 대표이사는 회사를 대표하고 업무집행의 결정과 권한을 갖는다.

대표이사는 상법상 회사의 필요적 상설기관으로, 주주총회나 이사회의 결의사항을 업무집행 하는 실행기관이다.

선임

- 회사는 이사회의 결의로 회사를 대표할 이사를 선정하여야 한다. 그러나 정관으로 주주총회에서 이를 선정할 것을 정할 수 있다(상법§389①).

결의

대표이사의 이사회 선임결의는 이사과반수의 출석과 출석이사의 과반수로 하여야 한다. 그러나 정관으로 그 비율을 높게 정할 수 있다. (상법§391①)

대표이사는 정관으로 수인의 대표이사가 공동으로 회사를 대표할 것을 정할 수 있다. (상법§389②)

임기

- 주식회사 이사의 임기는 3년을 초과하지 못한다. (상383②)

대표이사의 임기는 상법에 그 규정이 없으나, 정관에 대표이사의 임기를 정할 수 있고(임의적 기재사항), 정관의 규정이 없으면 이사회 또는 주주총회의 결의로 이를 정할 수 있다.

대표이사의 임기를 정하지 않았다면 대표이사는 이사의 자격을 전제로 하므로 이사의 임기에 따른다.

등기

- 대표이사는 주식회사등기부의 임원에 관한 사항에 「대표이사」로 등기한 이사이다.

회사를 대표할 이사 또는 집행임원의 성명·주민등록번호 및 주소

둘 이상의 대표이사 또는 대표집행임원이 공동으로 회사를 대표할 것을 정한 경우에는 그 규정

해임

- 대표이사는 이사회에서 해임결의 또는 주주총회에서 이사를 해임할 수 있다. (상법§385①)

이사회는 대표이사를 선임 또는 해임할 수 있다. 다만, 대표이사의 해임은 이사의 재임을 뜻한다. 일반적으로 대표이사의 직무 이동에 따른 사임에 대한 이사회의 승인 결의를 집행할 때 이사회 결의를 한다.

주주총회는 이사를 선임 또는 해임할 수 있다. 그러므로 대표이사인 이사를 해임은 대표이사의 해임이다.

❷ 주식회사 「감사」

➡ 감사의 선임

• 감사는 주주총회에서 선임한다. (상법§409①)

감사는 회사 및 자회사의 이사 또는 지배인 기타 사용인의 직무를 겸할 수 없다. (상법§411)

① 감사는 출석한 주주의 의결권의 과반수와 발행주식 총수의 4분의 1 이상의 수로써 선임한다(상법§368①).

② 다만, 의결권 없는 주식을 제외한 발행주식의 총수의 100분의 3을 초과하는 수의 주식을 가진 주주는 그 초과하는 주식에 관하여 감사의 선임에 있어서는 의결권을 행사하지 못한다(상법§409조②).

③ 2020.12.29. 개정 상법에 의하여 회사가 이사회의 결의로 전자적 방법으로 총회의 의결권을 행사할 수 있도록 한 경우에는 출석한 주주의 의결권의 과반수로써 제1항에 따른 감사의 선임을 결의할 수 있다(상법§409조③).

● 감사의 예외

자본금 총액이 10억원 미만인 주식회사는 감사를 선임하지 않아도 된다(상법 제409조 제4항). 다만, 감사를 선임하지 않은 회사는 감사의 권한은 주주총회가 행사한다.

● 감사의 선임

자본금 총액 10억원 이상이고 자산총액 1천억 원 미만인 주식회사는 상장회사 여부를 불문하고 감사를 선임하거나 감사위원회를 설치하여야 한다.

● 상장회사의 감사

자산총액 1천억 원 이상 2조 원 미만인 상장회사는 회사에 상근으로 감사업무를 수행하는 상근감사를 선임하거나 감사위원회를 설치하여야 한다(상법 제542조의10 제1항).

감사는 원칙적으로 주식회사의 상설기관이지만, 위 회사는 감사위원회를 설치하지 않은 경우에 상근감사를 1인 이상 선임하여야 한다.

〰 감사의 임기

• 감사의 임기는 3년 이내로 한다. (상법 410)

① 감사의 임기는 취임 후 3년 내의 최종의 결산시에 관한 정기주주총회의 종결 시까지로 한다(상법§410). 회사 설립 시의 최초감사의 임기는 회사의 성립일(설립등기일)을 임기의 기산일로 본다.

② 감사의 임기는 정관 또는 주주총회의 결의에 의하더라도 이를 단축하거나 연장할 수 없다. 감사의 임기를 정관에 정한 때에는 그 종결일 또는 기간의 만료와 동시에 그 임기가 만료한다.

③ 정관에 정기주주총회의 개최시기에 관한 정함이 없는 때에는 정기주주총회는 재무제표 제출을 위한 총회는 결산기로부터 3월 내에 개최되어야 하므로 예를 들어 회사의 결산기가 12월 31일이면 다음 해 3월 31일에 임기가 만료한다.

> **참고** 상법 제409조(감사의 선임)
> ① 감사는 주주총회에서 선임한다. (상법 409조)
> ④ 자본금의 총액이 10억원 미만인 회사의 경우에는 감사를 선임하지 아니할 수 있다. (상법 409조)
> ⑥ 자본금 10억 미만인 회사가 감사를 선임하지 아니한 경우에는 감사는 각각 주주총회로 본다. (상법 409조)

❸ 주식회사 「집행임원」

➡ 집행임원의 설치

주식회사는 집행임원을 둘 수 있다. 이 경우 집행임원을 둔 회사(이하 "집행임원 설치회사"라 한다)는 대표이사를 두지 못한다. 집행임원 설치회사와 집행임원의 관계는 「민법」 중 위임에 관한 규정을 준용한다. (상법§408조의2①②)

➡ 집행임원의 선임

집행임원은 집행임원 설치회사의 이사회에서 선임한다(상법§408조의2②1).

집행임원을 2명 이상 선임한 경우에 이사회결의로 집행임원 설치회사를 대표할 대표집행임원을 선임하여야 한다. 다만, 집행임원이 1명인 경우에는 그 집행임원이 대표집행임원이 된다(상법§408조의5).

➡ 집행임원의 임기

집행임원의 임기는 정관에 다른 규정이 없으면 2년을 초과하지 못한다. 다만, 그 임기는 정관에 그 임기 중의 최종 결산기에 관한 정기주주총회가 종결한 후 가장 먼저 소집하는 이사회의 종결 시까지로 정할 수 있다. (상법§408조의3①②)

➡ 집행임원의 권한

집행임원은 집행임원 설치회사의 업무집행의 권한이 있다. 또한, 정관이나 이사회의 결의에 의한 위임업무에 관한 의사결정 권한이 있다. (상법§408조의4)

- 집행임원 설치회사의 업무집행
- 정관에 규정한 업무집행
- 이사회결의로 위임한 업무집행

📨 집행임원의 보고의무

집행임원은 3개월에 1회 이상 업무의 집행상황을 이사회에 보고하여야 한다. 또한, 이사회의 요구가 있으면 언제든지 이사회에 출석하여 요구한 사항을 보고하여야 한다.

이사는 대표집행임원으로 하여금 다른 집행임원 또는 피용자의 업무에 관하여 이사회에 보고할 것을 요구할 수 있다. (상법§408조의6)

📨 집행임원의 책임

집행임원이 고의 또는 과실로 법령이나 정관을 위반한 행위를 하거나 그 임무를 게을리한 경우에는 그 집행임원은 집행임원 설치회사에 손해를 배상할 책임이 있다. 또한, 집행임원이 고의 또는 중대한 과실로 그 임무를 게을리한 경우에는 그 집행임원은 제3자에게 손해를 배상할 책임이 있다. (상법§408조의8)

📨 집행임원의 등기

집행임원 설치회사에서 선임한 집행임원은 주식회사등기부에 집행임원을 등기하여야 한다. 또한, 집행임원이 2명 이상인 경우에 대표집행임원을 선임하여 등기하여야 한다. (상법§317②8,9)

📨 집행임원의 해임

집행임원 설치회사의 집행임원은 이사회에서 해임한다. (상법§408조의2②1)

④ 주식회사 「비등기임원」

➡️ 비등기임원의 이해

상법은 다음 표에 명시한 어느 하나에 해당하는 자가 그 지시하거나 집행한 업무에 관하여 「회사에 대한 책임(상법3§399), 제삼자에 대한 책임(상법§401), 주주대표소송(상법§403), 다중대표소송(상법§406조의2),」를 적용하는 경우에는 그자를 "이사"로 본다. (상법§401조의2)

이사로 보는 자	비고
• 회사에 대한 자신의 영향력을 이용하여 이사에게 업무집행을 지시한 자 • 이사의 이름으로 직접 업무를 집행한 자 • 이사가 아니면서 명예회장·회장·사장·부사장·전무·상무·이사 기타 회사의 업무를 집행할 권한이 있는 것으로 인정될 만한 명칭을 사용하여 회사의 업무를 집행한 자	상법 §401조의2, 408조의9

➡️ 비등기임원의 선임 등

비등기임원의 선임, 임기, 업무집행권, 해임 등에 관하여 법령으로 정함이 없으나, 상법상 집행임원의 규정을 준용한다.

⚫ 선임 및 해임

비등기임원은 이사회에서 선임 및 해임하며, 상법상 집행임원의 선임 및 해임 규정을 준용한다.

⚫ 임기

비등기임원의 임기는 2년으로 상법상 집행임원의 임기 규정을 준용한다.

《 노동법상 사용자와 근로자성 임원 》

구분	사용자 임원	근로자성 임원
선임기관	• 주주총회, 이사회	• 이사회
등기	• 등기	• 비등기
회사와 관계	• 위임	• 고용
계약	• 위임계약	• 고용계약

1 사용자 임원

> 업무집행권 또는 대표권한을 행사하는 임원은 근로기준법상의 근로자가 아니다. (대법 92다28228, 1992.12.22).

➡ 사용자

• 사용자란 사업주 또는 사업경영담당자를 말하며, 또한, 근로자에 대하여 사업주를 위하여 사용하는 자를 말한다(근기법 2②).

업무집행권 또는 대표권을 가진 회사의 이사 등 임원은 회사로부터 일정한 사무처리의 위임을 받고 있으므로 보수를 받는 경우에도 근로자로 볼 수 없다. 타인의 감독하에 근무만을 제공하는 것은 아니므로 일정한 보수를 받는 경우에도 근로기준법에 규정한 근로자로 볼 수 없다. (법무 811-8604, 1980.4.10)

➡ 등기임원

등기임원은 원칙적으로 사용자 임원으로 본다. 등기임원은 실질적인 권한을 행사하는 최종의사결정 권한을 행사하는 자로 근로자성을 부인하는 특별한 사정이 없으면 사용자 임원으로 본다. (대법 2001다83838, 2003.3.29.)

- 주주총회에서 이사와 감사의 선임 및 해임
- 이사의 이사회 참석 및 의결권행사, 감사의 이사회 참석 등
- 집행임원 설치회사의 이사회에서 집행임원의 선임 및 해임 등

🔅 사용자 권한의 비등기임원

비등기임원이 회사로부터 일정한 사무처리의 위임을 받고 업무집행권을 행사하고 있다면 특별한 사정이 없으면 임원으로 본다. 비등기임원으로서 실질적인 권한을 행사하고 있는 경우 근로자성을 부인한다. 다만, 사용자와 고용관계에 있다면 원칙적으로 근로자로 본다. (대법 94다28228, 1992.12.22.)

🔅 위임계약에 의한 임원

등기·비등기임원이 회사로부터 경영 등에 관하여 위탁한 위임계약을 체결한 경우 원칙적으로 임원으로 본다.

위임계약은 당사자 일방이 상대방에 대하여 사무의 처리를 위탁하고 상대방이 승낙함으로써 효력이 생기며 위임인이 위임사무를 처리함을 목적으로 체결된 계약이다. (민법 제680조, 제681조, 제686조)

참고 (민법) 위임의 관계

제680조(위임의 의의) 위임은 당사자 일방이 상대방에 대하여 사무의 처리를 위탁하고 상대방이 이를 승낙함으로써 그 효력이 생긴다.

제681조(수임인의 선관의무) 수임인은 위임의 본지에 따라 선량한 관리자의 주의로써 위임사무를 처리하여야 한다.

제682조(복임권의 제한) ①수임인은 위임인의 승낙이나 부득이한 사유없이 제삼자로 하여금 자기에 갈음하여 위임사무를 처리하게 하지 못한다. 〈개정 2014.12.30.〉

②수임인이 전항의 규정에 의하여 제삼자에게 위임사무를 처리하게 한 경우에는 제121조, 제123조의 규정을 준용한다.

제683조(수임인의 보고의무) 수임인은 위임인의 청구가 있는 때에는 위임사무의 처리상황을 보고하고 위임이 종료한 때에는 지체없이 그 전말을 보고하여야 한다.

⊙ 사용자 임원의 여부

◉ 사무집행 및 노무제공 임원

① 사무 및 일부 노무를 제공 임원은 법인으로부터 사무처리의 위임을 받아 대표권 또는 사무집행권을 행사하는 자이므로 노무만 제공하는 근로자로 볼 수 없다(1988.03.10, 근기 01254-8808).

② 임원은 회사로부터 사무처리의 위임을 받고 처리하고 있는 것이지 타인의 감독하에 노무만을 제공하는 것이 아니므로 보수를 받는다 하여도 근로자로 볼 수 없다(1987.06.30, 근기 01254-10475).

◉ 일정액 보수를 받는 임원직무

① 사업주로부터 경영 전반을 위임받아 집행해온 부사장은 일정액의 보수를 받았다 하더라도 근로자로 볼 수 없다(1980.08.19, 법무 811-20878).

② 회사의 임원은 타인의 지휘·감독하에 노무만을 제공하는 것이 아니므로 일정액의 보수를 받는 경우라도 근로기준법상 근로자가 아니다(1987.09.05, 근기01254-14330).

◉ 비등기 이사보, 상근고문, 비상근 상담역

① 법인등기부에 등록되지 않은 이사보가 이사와 상당한 대우를 받는다면 근로기준법이 적용되지 않으나, 그렇지 않다면 근로자에 해당하여 근로기준법의 보호를 받는다(1992.03.20, 근기 01254-394).

② 상근고문은 사업주 또는 사업경영 담당자 등의 경영에 관한 자문에 응하는 자로 일정액의 보수를 받아도 사용종속 관계에 있다고 볼 수 없으므로 근로기준법에 따른 근로자로 볼 수 없다(1982.02.15, 근기 1455-5065).

③ 매주 1일 근무하는 비상근 상담역은 사용종속 관계에 있다고 보기 어려우므로 근로기준법상 근로자라 할 수 없다(1988.04.25, 근기 01254-6463).

② 근로자성 임원

➡ 근로자로 보는 임원

근로자란 직업의 종류와 관계없이 임금을 목적으로 사업이나 사업장에 근로를 제공하는 자를 말한다(근기법§2①).

근로기준법의 적용을 받는 근로자에 해당하는지는 계약의 형식과 관계없이 그 실질에서 임금을 목적으로 종속적인 관계에서 사용자에게 근로를 제공하였는지에 따라 판단한다.

법원은 판례를 통하여 이사로 선임된 임원이 회장·사장 등의 지휘·감독에 의하여 업무지시를 받아 담당 노무를 제공하고 고정급 보수를 받는 관계라면 그 임원은 근로자로 본다.

➡ 근로계약에 의한 임원

근로시간 등 근로계약을 체결하고 노무제공의 대가로 일정한 보수를 지급받는 임원은 근로자로 본다.

"근로계약"이란 근로자가 사용자에게 근로를 제공하고 사용자는 이에 대하여 임금을 지급하는 것을 목적으로 체결된 계약을 말한다(근기법§2①4).

근로계약은 임금의 구성항목·계산방법·지급방법, 소정근로시간, 휴일, 연차유급휴가를 서면으로 체결하도록 강제하고 있다(근기법§17②). 즉, 근로시간 등을 명시하여 근로계약을 체결한 비등기임원은 원칙적으로 근로자로 본다.

> 참고 근로기준법
>
> 제2조(정의) ① 이 법에서 사용하는 용어의 뜻은 다음과 같다. 〈개정 2018.3.20.〉
>
> 1. "근로자"란 직업의 종류와 관계없이 임금을 목적으로 사업이나 사업장에 근로를 제공하는 자를 말한다.
> 2. "사용자"란 사업주 또는 사업 경영 담당자, 그 밖에 근로자에 관한 사항에 대하여 사업주를 위하여 행위하는 자를 말한다.
> 3. "근로"란 정신노동과 육체노동을 말한다.
> 4. "근로계약"이란 근로자가 사용자에게 근로를 제공하고 사용자는 이에 대하여 임금을

지급하는 것을 목적으로 체결된 계약을 말한다.

❖ 근로자성 임원의 여부

◉ 고정급여를 받는 비등기 이사

회사의 조직체계, 이사로 승진하고 해임된 경위, 담당업무 등을 고려하면 이사 또는 이사대우라는 지위는 형식적·명목적인 것으로서 실제로는 그 승진 당시 전후를 통하여 업무의 변화 없이 대표이사의 지휘·감독 아래 자신이 맡은 부서의 업무를 계속 처리하는 관계에 있었고, 그에 대한 대가로 매월 정액의 월급여와 상여금 등 일정한 보수를 지급받는 지위에 있었으므로 이러한 비등기이사는 근로기준법상의 근로자에 해당한다. (서울남부지법 2004.4.22., 2003가합6980)

◉ 노무로 고용된 이사

회사의 이사가 회사로부터 위임받은 사무를 처리하는 이외에 일정한 노무를 담당하고 그 대가로 고정보수를 지급받아 왔다면 근로기준법상의 근로자로 볼 수 있다(대법 91누11490, 1992.5.12.).

◉ 업무지시를 받는 이사대우

회사의 공장장으로 근무하던 중 이사대우로 승진하였는데 승진 후에도 매일 그 공장에 출근하여 종전부터 하여 온 회사로부터 지시받은 업무를 공장장으로서 업무를 처리하면서 그 대가로 일정한 보수를 받은 경우 근로기준법상의 근로자에 해당한다(2000.09.08, 대법 2000다22591).

◉ 노무에 종사하는 이사

① 근로조건에 관한 결정권이 없는 상임이사는 근로기준법상 근로자에 해당한다(1991.10.04 중노위 91부해88).

② 이사 등 집행기관에 있는 자라도 타인의 지휘·명령을 받으며 사실상 노

무에 종사한다면 근로자이다(1993.02.01, 근기 01254-150).

③ 주식회사의 이사도 법령, 정관 등의 규정에 따라 업무집행권을 가진 자의 감독을 받아 노무에 종사하고 임금을 받는다면 근로자로 본다(1994.03.18, 근기 68207-461).

④ 법인의 이사(공장장)가 대표권을 가지지 아니한 채 임금을 목적으로 근로를 제공하고 있다면 그 한도 내에서는 근로기준법상의 근로자에 해당한다(1993.03.18, 근기 01254-411).

> 참고 (민법) 위임의 관계
>
> 제680조(위임의 의의) 위임은 당사자 일방이 상대방에 대하여 사무의 처리를 위탁하고 상대방이 이를 승낙함으로써 그 효력이 생긴다.
>
> 제681조(수임인의 선관의무) 수임인은 위임의 본지에 따라 선량한 관리자의 주의로써 위임사무를 처리하여야 한다.
>
> 제682조(복임권의 제한) ①수임인은 위임인의 승낙이나 부득이한 사유없이 제삼자로 하여금 자기에 갈음하여 위임사무를 처리하게 하지 못한다. 〈개정 2014.12.30.〉
>
> ②수임인이 전항의 규정에 의하여 제삼자에게 위임사무를 처리하게 한 경우에는 제121조, 제123조의 규정을 준용한다.
>
> 제683조(수임인의 보고의무) 수임인은 위임인의 청구가 있는 때에는 위임사무의 처리상황을 보고하고 위임이 종료한 때에는 지체없이 그 전말을 보고하여야 한다.

근로계약에 의한 임원

근로시간 등 근로계약을 체결하고 노무제공의 대가로 일정한 보수를 지급받는 임원은 근로자로 본다.

"근로계약"이란 근로자가 사용자에게 근로를 제공하고 사용자는 이에 대하여 임금을 지급하는 것을 목적으로 체결된 계약을 말한다(근기법§2①4).

근로계약은 임금의 구성항목·계산방법·지급방법, 소정근로시간, 휴일, 연차유급휴가를 서면으로 체결하도록 강제하고 있다(근기법§17②). 즉, 근로시간 등을 명시하여 근로계약을 체결한 비등기임원은 원칙적으로 근로자로 본다.

> **참고** 근로기준법
>
> 제2조(정의) ① 이 법에서 사용하는 용어의 뜻은 다음과 같다. 〈개정 2018.3.20.〉
>
> 1. "근로자"란 직업의 종류와 관계없이 임금을 목적으로 사업이나 사업장에 근로를 제공하는 자를 말한다.
> 2. "사용자"란 사업주 또는 사업 경영 담당자, 그 밖에 근로자에 관한 사항에 대하여 사업주를 위하여 행위하는 자를 말한다.
> 3. "근로"란 정신노동과 육체노동을 말한다.
> 4. "근로계약"이란 근로자가 사용자에게 근로를 제공하고 사용자는 이에 대하여 임금을 지급하는 것을 목적으로 체결된 계약을 말한다.

3절　세법상 임원의 이해와 범위

❶ 법인세법상 임원

➡ 법인세법상 임원 기준

법인세법은 법인의 이사와 감사, 업무집행자 그 밖에 이와 같은 직무에 종사하는 자를 임원으로 본다.

비등기임원에 대하여 법인의 임원에 해당하는지는 종사하는 직무의 실질에 따라 판단한다. 법인세법 시행령으로 규정한 임원은 다음 표의 직무에 종사하는 자를 말한다(법영§40①).

법인세법상 임원	법규
1. 법인의 회장, 사장, 부사장, 이사장, 대표이사, 전무이사 및 상무이사 등 이사회의 구성원 전원과 청산인 2. 합명회사, 합자회사 및 유한회사의 업무집행사원 또는 이사 3. 유한책임회사의 업무집행자 4. 감사 5. 그 밖에 1부터 4까지와 같은 직무에 종사하는 자	법영§40①

➡ 법인세법상 손금기준

법인이 임원에게 지급하는 상여금 중 정관·주주총회·사원총회 또는 이사회의 결의에 의하여 결정된 급여지급기준에 의하여 지급하는 금액을 초과하여 지급한 경우 그 초과금액은 이를 손금에 산입하지 아니한다(법영§43②).

❷ 소득세법상 임원

➡️ 소득세법상 임원 범위

소득세법상 임원의 범위는 법인세법 시행령 제40조 제1항 각호의 어느 하나의 직무에 종사하는 사람을 말한다.

법인의 임원으로 근무하는 업무집행자로 업무집행의 대가로 근로소득 퇴직소득 기타소득을 지급받는 임원을 말한다.

소득세법상 임원	법규
• 법인세법상 임원직무에 종사하는 사람	소법§22③ 소영§42조의2⑤

➡️ 해외현지법인 임원의 거주자 여부

거주자나 내국법인의 국외사업장 또는 해외현지법인(내국법인이 발행주식 총수 또는 출자지분의 100분의 100을 직접 또는 간접 출자한 경우에 한정한다) 등에 파견된 임원 또는 직원이나 국외에서 근무하는 공무원은 거주자로 본다. (소득세법 시행령 제3조)

❸ 비등기임원의 세법상 임원 범위

➡ 이사회에서 선임한 집행임원

이사회 표결권이 없는 집행임원으로 주주총회에서 선임되지 아니하고 이사회에서 선임되어 이사회에 참석하나 이사회 표결권이 없으나 임원과 동등한 책임과 권한을 가진 집행임원이 법인세법 시행령에서 규정하는 임원에 해당하는지 여부

▷ 법인의 임원이라 함은 그 직책과 관계없이 법인세법 시행령에 규정하는 직무에 종사하는 자를 말하는 것으로 임원에 해당하는지는 실질내용에 따라 사실을 판단할 사항으로 법령에서 임원은 법인의 회장, 사장, 부사장, 이사장, 대표이사, 전무이사, 상무이사, 감사 및 이와 같은 직무에 종사하는 자를 말한다(서이46012-11077, 2002.05.23.).

➡ 비등기이사 또는 이사대우

비등기임원으로 이사의 명칭을 사용하는 경우와 이사대우 명칭을 사용하고 이사회 참석하여 발언권은 있으나 의결권을 행사하지 못하는 경우 세법상 임원에 해당하는지 여부

▷ 임원이란 법인세법 시행령 제43조 제6항 각호에 규정하는 직무에 종사하는 자를 말하는 것이며, 임원에 해당하는지 여부는 종사하는 직무의 실질에 따라 사실 판단할 사항이다(서면2팀-20, 2008.01.07.). 임원은 법인의 회장·사장·부사장, 이사장·대표이사·전무이사·상무이사, 감사 및 이와 같은 직무에 종사하는 자를 말한다(법영 제43조6항).

➡ 미등기이사의 이사 직무자

미등기이사가 실제 이사 직무에 종사하게 되는 경우 임원에 해당하는지 여부

▷ 법인의 임원이라 함은 그 직책과 관계없이 법인의 회장·사장·부사장·이

사 등의 직무에 종사하는지에 따라 판단할 사항이며, 법인의 사용인이 당해 법인의 임원으로 취임한 때에는 현실적인 퇴직에 포함되는 것임(법법 22601-1004, 1987.4.2.).

🔹 비등기 업무집행임원

내국법인의 비등기 업무집행임원으로서 '상무'의 직함을 사용하며 사장이 임명한 경영지원본부장으로 이사회의 의결권 및 발언권이 없는 비등기임원의 세법상 임원에 해당하는지 여부

▷ 내국법인의 비등기 업무집행임원으로서 해당 법인의 직제규정에 따라 '상무'의 명칭을 사용하여 재무결산·경영기획 및 손익관리·법무·인사 및 총무업무를 총괄하여 집행할 권한과 책임이 있는 경영지원본부장은 법인세법 시행령 제20조1항4호라목에 따른 임원에 해당하는 것입니다(법인 2009-0228, 2009.06.23.).

🔹 외국회사 국내지점 대표자

외국법인의 국내지점 지배인이 국내지점의 법인등기부상에 이사 등으로 등재되어 있지 아니하고 국내지점의 지점대표자로 등기되어 있으며, 국내지점장은 일용근로자의 채용·해고권한이 있으나, 그 이외의 직원에 대한 인사권 및 영업·재무·회계 등에 관한 권한은 사실상 외국법인의 본사에 있는 국내지점장이 법인세법 시행령 제43조 제6항의 규정에 따른 임원에 해당하는지 여부

▷ 법인세법상 "임원"이라 함은 법인세법 시행령에 규정하는 직무에 종사하는 자를 말하는 것으로 외국법인의 국내지점 대표자가 이에 해당하는지는 그 직무에 따라 실질 내용에 의하여 사실을 판단할 사항으로 법령에서 임원은 법인의 회장, 사장, 부사장, 이사장, 대표이사, 전무이사, 상무이사, 감사 및 이와 같은 직무에 종사하는 자이다(법인46012-1917, 2000.9.16.).

⟳ 지역본부장·지사장 등

사원의 선발권한 및 사용권한이 있는 지역본부장(미등기이사), 감사팀장, 영업팀장, 지사장 등으로 본사의 직위는 부장, 차장, 과장 등의 사용인으로 법인세법상 임원에 해당하는지 여부.

▷ 임원이라 함은 그 직책과 관계없이 법인세법 시행령에 규정하고 있는 법인의 회장, 사장, 부사장, 이사장, 대표이사, 전무이사, 상무이사, 감사 및 이와 같은 직무에 종사하는 자를 말하는 것으로 임원에 해당하는지는 종사하는 직무의 실질에 따라 사실을 판단할 사항이다(서면2팀-173, 2004.02.06.).

⟳ 조직상 이사 등 직함

외국인투자법인으로 정관상 임원은 대표이사만이 현재 국내에서 근무하고 나머지 임원과 감사는 외국 본사에서 근무하고 있으며 현재 국내 조직상 이사의 직함을 사용하고 있는 임원(이사 및 전무)을 세법상 임원으로 보아야 하는지

▷ 법인의 임원이라 함은 그 직책과 관계없이 법인세법 시행령에 규정하는 직무에 종사하는 자를 말하는 것으로 임원에 해당하는지는 종사하는 직무의 실질에 따라 사실 판단할 사항으로 세법상 임원은 법인의 회장, 사장, 부사장, 이사장, 대표이사, 전무이사, 상무이사, 감사 및 이와 같은 직무에 종사하는 자이다(서면2팀-1932, 2005.11.28.).

4절　　임원보수의 이해와 범위

① 상법상 임원의 보수

상법은 「임원보수의 범위」에 관하여 규정함이 없다. 상법은 회사와 이사의 관계를 민법의 위임에 관한 규정을 준용한다(상법§388②)고 규정하고 있어 임원보수는 민법의 위임에 의한 보수를 준용한다(민법§686).

임원보수의 범위

대법원은 상법상 이사의 보수 범위를 급여, 상여, 퇴직금을 포함한 이사에게 지급한 모든 보수로 다음과 같이 판결하였다. (대법원 2012.3.29.2012다1993)

상법 제388조 이사의 보수는 이사의 직무에 대한 대가로서 회사로부터 받는 급부로서

- 월급, 수당, 급여, 연봉, 상여금, 퇴직금 또는 퇴직위로금, 해직보상금 등
- 그 명칭을 불문하고 경영활동에 대한 대가로서의 성질을 가지면 정기적으로 지급되든 부정기적으로 지급되든 모두 보수에 해당한다.
- 따라서 주식매수선택권, 퇴임 후에 지급하는 연금, 의료보험료, 기타 복지비용도 보수에 포함된다.

《 상법상 임원보수의 범위 》

임원보수의 종류	비고
• 월급, 수당, 급여, 연봉, 상여금, 퇴직금 또는 퇴직위로금, 해직보상금 등	대법원 2012.3.29. 선고 2012다1993 판결.
• 주식매수선택권, 퇴임 후에 지급하는 연금, 의료보험료, 기타 복지비용	

❷ 노동법상 임원의 보수

사용자 임원의 보수

노동법상 사용자 임원의 보수에 관하여 정함이 없다. 사용자 임원은 최저임금법상 최저임금의 적용을 받지 아니한다.

"사용자"란 사업주 또는 사업 경영 담당자, 그 밖에 근로자에 관한 사항에 대해 사업주를 위하여 행위하는 자이다(근로기준법§2①2).

임원의 보수

회사의 임원에게 지급하는 보수는 근로자와는 다른 사용종속관계가 아닌 위임관계로 파악하여 원칙적으로 임금에서 제외한다. (대법 2003.9.26., 2002다64681)

임원의 퇴직금

이사 등 임원에게 보수와 퇴직금을 지급하는 경우 근로기준법 소정의 임금과 퇴직금이 아니라 재직 중의 직무집행에 대한 대가로 지급되는 보수의 일종이다. (대법2001.2.23., 2000다61312)

근로자성 임원의 보수

노동법상 근로자성 임원의 보수는 사용종속관계의 고용관계의 임금을 적용한다. 근로자성 임원은 최저임금법상 최저임금의 적용을 받는다.

"근로자"란 직업의 종류와 관계없이 임금을 목적으로 사업이나 사업장에 근로를 제공하는 자를 말한다(근로기준법§2①1).

임금의 의의

임금이란 사용자가 근로의 대가로 근로자에게 임금, 봉급, 그 밖에 어떠한 명칭으로든지 지급하는 모든 금품을 말한다(근기법§2①5).

임금은 매월 1회 이상 일정한 날짜를 정하여 지급하여야 한다. 다만, 임시

로 지급하는 임금, 수당, 그 밖에 이에 준하는 임금에 대하여는 그러하지 아니하다. (근기법§43)

● 통상임금의 적용

통상임금은 근로자에게 정기적이고 일률적으로 소정(所定)근로 또는 총 근로에 대해 지급하기로 정한 시간급 금액, 일급 금액, 주급 금액, 월급 금액 또는 도급 금액을 말한다(근기영§6①).

통상임금은 다음의 임금 등을 산정하는데 기초로 적용한다.

- 평균임금의 최저한도 보장 (근기법§2②)
- 해고예고수당 (근기법§26)
- 연장 · 야간 · 휴일근로수당 (근기법§56)
- 연차유급휴가수당 (근기법§60⑤)
- 출산전후휴가급여 (고용보험법§76)

● 평균임금의 적용

평균임금은 이를 산정해야 할 사유가 발생한 날 이전 3개월 동안에 그 근로자에게 지급된 임금의 총액을 그 기간의 총일수로 나눈 금액을 말한다(근기법§2①6).

이에 따라 산출된 금액이 그 근로자의 통상임금보다 적으면 그 통상임금액을 평균임금으로 한다(근기법§2②).

평균임금은 다음의 수당 또는 급여 등을 산정하는데 기초가 됩니다.

- 퇴직급여 (근기법§34)
- 휴업수당 (근기법§46)
- 연차유급휴가수당 (근기법§60⑤)
- 재해보상 및 산재보험급여 (근기법§79~80, §82~84, 산재보험법§36)
- 감급(減給)제재의 제한 (근기법§95조)

➡️ 근로자의 임금 여부

🔹 상여금

상여금이 계속적·정기적으로 지급되고 그 지급액이 확정되어 있다면 이는 근로의 대가로 지급되는 임금의 성질을 가지나 그 지급사유의 발생이 불확정이고 일시적으로 지급되는 것은 임금이라고 볼 수 없다(대법원 2002.6.11. 2001다16722 판결).

매월 급여 외에 상여금이 계속적·정기적으로 지급되고 그 지급액이 확정되어 있다면 이는 근로의 대가로 지급되는 임금의 성질을 가진다. (대법원 2006.5.26. 2003다54322,54339)

🔹 성과급

근로자 개인의 실적에 따라 결정되는 성과급은 지급조건과 지급시기가 단체협약 등에 정하여져 있다고 하더라도 지급조건의 충족 여부는 근로자 개인의 실적에 따라 달라지는 것으로서 근로자의 근로 제공 자체의 대상이라고 볼 수 없으므로 임금에 해당한다고 할 수 없다. (대법원 2004.5.14. 2001다76328)

🔹 해외근무수당

국외 주재직원으로 근무하는 동안 지급받은 급여 가운데 동등한 직급호봉의 국내직원에게 지급되는 급여를 초과하는 부분은 근로의 대상으로 지급받는 것이 아니라 실비변상적인 것이거나 해외근무라는 특수한 근무조건에 따라 국외 주재직원으로 근무하는 동안 임시로 지급받은 임금이라고 보아야 할 것이다(대법원 1990.11.9. 90다카4683).

🔹 가족수당

가족수당은 회사에게 그 지급의무가 있는 것이고 일정한 요건에 해당하는 근로자에게 일률적으로 지급되어 왔다면, 이는 임의적·은혜적인 급여가 아니라 근로에 대한 대가의 성질을 가지는 것으로서 임금에 해당한다(대법원 2006.5.26. 2003다54322).

● 식대

사용자가 근로자들에게 제공한 식권이 2일간 유효하고 식사를 않은 경우 다른 물품이나 현금으로 대체하여 청구할 수 없는 것이라면 사용자가 실제 근무를 한 근로자들에 한하여 현물로 제공한 식사는 근로자의 복지후생을 위하여 제공된 것으로서 근로의 대가인 임금이라고 보기 어렵다(대법원 2002.7.23. 2000다29370).

● 퇴직금

사용자는 퇴직하는 근로자에게 급여를 지급하기 위하여 퇴직급여제도 중 하나 이상의 제도를 설정하여야 한다.

다만, 계속근로기간이 1년 미만인 근로자, 4주간을 평균하여 1주간의 소정 근로시간이 15시간 미만인 근로자에 대하여는 그러하지 아니하다. (근퇴법 §4).

- 계속근로 1년 미만자
- 1주간 평균 15시간 미만 근로자

퇴직급여제도를 설정하는 경우에 하나의 사업에서 급여 및 부담금 산정방법의 적용 등에 관하여 차등을 두어서는 아니 된다.

③ 세법상 임원의 보수

● 법인세법상 임원보수의 급여지급기준

● 임원보수의 손금 범위

법인세법상 손금 및 손비의 범위에 해당하는 임원의 보수는 다음과 같다.

① 임원의 보수가 자본 또는 출자의 환급, 잉여금의 처분 및 이 법에서 규정하는 것은 제외하고 해당 법인의 순자산을 감소시키는 거래로 인하여 발생하는 손실 또는 비용의 금액인 경우(법인§19①)

② 임원의 보수가 법인세법 및 다른 법률에서 달리 정하고 있는 것을 제외하고는 그 법인의 사업과 관련하여 발생하거나 지출된 손실 또는 비용으로서 일반적으로 인정되는 통상적인것이거나 수익과 직접 관련된 것인 경우(법인§19②)

③ 법인이 임원에게 지급하는 인건비(법영§19;3).

◉ 임원보수의 급여지급기준

① 이사, 감사의 보수가 정관이나 정관의 위임으로 주주총회 결의로 정한 이사, 감사의 보수 또는 주주총회의 위임으로 이사회의 결의로 정한 개별보수 급여인 경우

② 집행임원, 비등기임원의 보수가: 정관이나 주주총회 또는 이사회의 결의로 정한 집행임원, 비등기임원의 보수의 개별보수 급여인 경우

◉ 임원보수의 손금불산입

◐ 급여지급기준을 초과하는 상여금

법인이 임원에게 지급하는 상여금 중 정관·주주총회·사원총회 또는 이사회의 결의로 결정한 급여지급기준을 초과하는 금액은 손금에 산입하지 아니한다. (법영§19;1,§43②)

◐ 이익처분에 의한 상여금

법인이 그 임원 또는 직원에게 이익처분에 의하여 지급하는 상여금은 이를 손금에 산입하지 아니한다. 이 경우 합명회사 또는 합자회사의 노무출자 사원에게 지급하는 보수는 이익처분에 의한 상여로 본다. (법영§43①)

○ 급여지급기준 초과 보수

법인이 임원에게 지급하는 상여금중 정관·주주총회·사원총회 또는 이사회의 결의에 의하여 결정된 급여지급기준에 의하여 지급하는 금액을 초과하여 지급한 경우 그 초과금액은 이를 손금에 산입하지 아니한다. (법영§43②)

○ 지배주주의 동일직위 초과 보수

법인이 지배주주 등(특수관계에 있는 자를 포함한다. 이하 이 항에서 같다)인 임원 또는 직원에게 정당한 사유없이 동일직위에 있는 지배주주등 외의 임원 또는 직원에게 지급하는 금액을 초과하여 보수를 지급한 경우 그 초과금액은 이를 손금에 산입하지 아니한다. (법영§43③)

○ 비상근 임원의 보수

상근이 아닌 법인의 임원에게 지급하는 보수는 법인세법상 부당행위계산의 부인(법 제52조)에 해당하는 경우 손금에 산입하지 아니한다. (법영§43④)

○ 주식매수선택권 행사이익

법인의 임원 또는 종업원이 당해 법인으로부터 부여받은 주식매수선택권을 당해 법인에서 근무하는 기간 중 행사함으로써 얻은 이익은 소득세법 시행령 제38조 제1항 제17호의 규정에 의한 근로소득에 해당하는 것이다 (국세청 서면1팀-54, 2006.01.17.)

④ 자본시장법상 임원보수의 범위

● 공시기준 임원보수의 범위

자본시장법에 의하여 주권상장법인은 임원보수를 상법, 그 밖의 법률에 따른 주식매수선택권을 포함하여 금감원 공시기준으로 정한 임원보수의 종류와 범위를 다음과 같이 정하고 있다.

《 공시기준 임원보수의 범위 》

임원보수범위		법규
근로소득	급여	소득세법 제20조
	상여	
	주식매수선택권 행사이익	
	기타 근로소득	
기타소득		소득세법 제21조
퇴직소득		소득세법 제22조

- 자본시장법 제159조의 제1항, 제2항
- 자본시장법 시행령 제168조 제1항

🔹 공시기준 임원보수의 산정

① 근로소득은 소득세법 제20조의 근로소득(근로소득지급명세서의 'I. 근무처별 소득명세'상 급여, 상여, 주식매수선택권 행사이익, 임원 퇴직소득금액 한도초과액 등의 합계액)을 기준으로 산정한다.

② 기타소득은 회사가 지급한 소득세법 제21조의 기타소득(퇴직 전에 부여받은 주식매수선택권을 퇴직 후에 행사하여 당해 사업연도에 얻은 이익 등)을 기준으로 산정한다.

③ 퇴직소득은 소득세법 제22조의 퇴직소득을 기준으로 산정한다.

④ 다만, 장래 지급하여야 할 보수(주식매수선택권 등 지급사유가 발생하여 지급금액이 확정되었으나 이연지급하는 경우 등)는 당기 사업연도의 보수총액에 포함되지 않는다.

2장

임원보수결정서 작성과 관리

임원보수결정서 작성은?

정관의 규정에 의한 임원 수 결정은?
주주총회의 결의에 의한 임원보수 결정은?
이사회의 결의에 의한 임원보수 결정은?
정관·주주총회·이사회의 임원보수결정서 작성 방법은?

이에 관하여
「2장 임원보수결정서 작성과 관리」에서 명확히 제시한다.

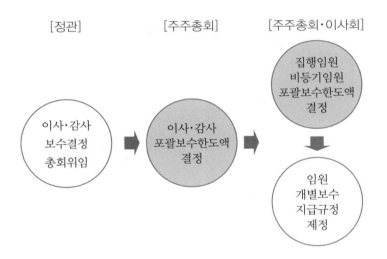

임원보수의 결정기준

① 이사의 보수 결정방법

이사의 보수 결의기준

이사의 보수는 정관에 그 액을 정하지 아니한 때에는 주주총회의 결의로 이를 정한다(상법§388). 이사의 보수를 결정할 때 「감사의 보수」와 구분하여 결정하여야 한다.

상법상 이사의 보수 결정에 관한 결의기준을 요약하면 다음과 같다.

《 이사의 보수 결의기준 》

구분	결정 기준	법규
이사의 보수	• 이사의 보수는 정관에 그 액을 정하지 아니한 때에는 주주총회의 결의로 이를 정한다. • 감사의 보수와 구분하여 결정하여야 한다.	상법 제388조

이사의 보수를 결정할 때 주주총회에서 선임하여 법인등기부에 등기할 수 있는 등기·미등기이사, 법인등기부에 등기할 수 없는 비등기이사의 보수를 포함하여 결정할 수 있다.

- 등기이사
- 미등기이사
- 비등기이사

보수의 범위

주주총회 등의 당기 이사의 보수를 결정할 때 회사가 이사에게 1년(사업기)간 지급하는 소득세법상 근로소득, 퇴직소득, 기타소득 등을 합산한 금액으로 한다. 또한, 이사가 지배인 기타 사용인을 겸직하는 경우 사용인분 급여도 이사의 보수에 포함한다.

이사의 보수 결정 시 보수총액에 포함하는 보수의 범위는 다음과 같다.

구분	포괄보수 범위
이사의 보수	• 근로소득(급여, 상여, 스톡옵션행사이익, 기타 인건비 등) • 퇴직소득 • 기타소득

보수총액의 계산

당기 포함 보수총액

정관 또는 정관의 위임으로 주주총회 결의로 당기 또는 각 사업연도 이사의 보수를 결정할 때 이사의 보수총액은 이사에게 전원에게 지급하는 근로소득, 기타소득, 퇴직소득, 기타보수 등을 합산한 금액으로 한다.

• 근로소득, 기타소득, 퇴직소득, 기타보수 등을 합산한 보수총액

구분	당기 포함 보수총액
이사의 보수	• 당기 지급의 근로소득, 기타소득, 퇴직소득 등 • 당기 지급의 주식매수선택권 행사이익 등 기타소득 등

당기 미포함 보수총액

당기(당해 사업연도)의 임원 보수를 결정할 때 당 사업기에 지급하지 않는 「장래에 지급하여야 할 보수」로 지급금액이 확정되었으나 이연지급하는 경우에 당기의 보수총액 및 최고한도액에 포함하지 않는다.

구분	당기 미포함 보수총액
이사의 보수	• 정관에 주식매수선택권 부여와 행사에 관한 규정을 둔 경우 장래에 발생할 행사이익 • 정관에 임원 퇴직금 지급에 관한 규정을 둔 경우 장래에 발생할 퇴직금

🔵 보수총액 등 결정방법

정관에 규정하거나 주주총회의 결의로 당기 이사의 보수를 결정할 때 이사 모두에게 1년간 지급하는 보수총액을 기준으로 결정하여야 한다.

또한, 이사의 개별보수를 정관에 규정하거나 주주총회의 결의로 결의할 때도 총이사의 보수총액으로 하여야 한다.

당기 또는 각 사업연도 이사의 보수총액 결정방법은 다음과 같다.

구분	보수총액 계산내용
이사의 보수	• 결정대상 : 총이사 • 결정기간 : 1년(당기, 각 사업연도) • 결정금액 : 보수총액 및 최고한도액

🔵 이사의 보수결정 시기

주권상장법인은 자본시장법 등에 의하여 각 사업연도 경과 후 90일 이내에 정기주주총회에서 당기 이사 전원의 보수총액 및 최고한도액을 결정한다.

또한, 일반법인은 법규 등으로 정함이 없으나 이사의 보수는 전기 경영실적에 의한 당기 이사의 보수를 결정하므로, 정기주주총회에 결정함이 바람직하다.

• 당기 이사의 보수한도 결정 : 매 사업기 개시 후 90일 이내

🔵 이사의 보수결정 예시

이사의 보수 한도 승인에 관한 것인 경우 작성을 예사하면 다음과 같다.

- 당기의 이사의 수
- 당기의 이사 전원에 대한 보수총액 또는 최고한도액

구분	당기(8기)
이사의 수	○명
보수총액 및 최고한도액	○억 원

❷ 감사의 보수 결정방법

➡ 감사의 보수 결의기준

감사의 보수는 이사의 보수 결정을 준용하여 정관에 그 액을 정하지 아니한 때에는 주주총회의 결의로 이를 정한다(상법§415).

또한, 감사보수는 이사의 보수와 구분하여 결정하여야 한다. 감사의 보수 결정에 관한 결의기준을 요약하면 다음과 같다.

구분	결의기준	법규
감사의 보수	• 감사의 보수는 정관에 그 액을 정하지 아니한 때에는 주주총회의 결의로 이를 정한다. • 감사의 보수와 구분하여 결정하여야 한다.	상법 제415조

감사의 보수를 결정할 때 다음의 미등기감사 등을 포함하여 결정할 수 있한다.

- 등기감사
- 미등기감사
- 비등기감사

➡ 보수의 범위

감사의 보수를 결정할 때 보수의 범위는 「1. 이사의 보수 결정방법」 내용과 같다.

➡ 보수총액의 계산

감사의 보수를 결정할 때 보수총액의 계산은 「1. 이사의 보수 결정방법」 내용과 같다.

➡ 보수총액 등 산정방법

정관이나 주주총회의 결의로 감사의 보수를 결정할 때 감사 모두에게 1년간 지급하는 보수총액을 기준으로 결정하여야 한다. 또한, 감사별 개별보수를 결정할 수 있다. 이때도 감사 총원의 보수총액을 결정하여야 한다.

당기(당해 사업연도) 감사의 보수 결정 계산내용은 다음과 같다.

구분	보수총액 계산내용
감사의 보수	• 결정대상 : 감사 총원 • 결정기간 : 1년(당기, 각 사업연도) • 결정금액 : 보수총액 및 최고한도액

감사의 보수결정 시기

당기 감사의 보수한도는 매 사업기 개시 후 90일 이내에 정기주주총회에서 결정한다.

• 감사의 보수한도 결정 : 매 사업기 개시 후 90일 이내

감사의 보수결정 예시

당기 감사의 보수 한도 승인에 관한 것인 경우 작성을 예시하면 다음과 같다.

• 당기의 감사의 수
• 당기의 감사 전원에 대한 보수총액 또는 최고한도액

구분	당기
감사의 수	○명
보수총액 및 최고한도액	○천만 원

③ 집행임원의 보수 결정방법

집행임원의 보수 결정기준

집행임원설치회사 집행임원의 보수는 정관에 규정이 없거나 주주총회의 승인이 없는 경우 이사회의 결의로 이를 정한다. (상법§408조의2③⑥)

집행임원보수의 결정기준을 요약하면 다음과 같다.

구분	결정기준	법규
집행임원의 보수	• 정관에 규정이 없거나 주주총회의 승인이 없는 경우 이사회에서 결정한다.	상법 408조의2

집행임원설치회사의 집행임원은 법인등기부에 등기하여야 한다. 주주총회 또는 이사회에서 선임한 집행임원을 등기하지 아니한 경우에도 다음의 미등기 집행임원 등을 포함하여 보수 결정을 하여야 한다.

- 등기 집행임원
- 미등기 집행임원
- 비등기 집행임원

보수의 범위

집행임원의 보수 결정 시 회사가 집행임원에게 1년(사업기)간 지급하는 소득세법상 근로소득, 기타소득, 퇴직소득 등을 합산한 금액으로 한다.

또한, 집행임원이 기타 사용인을 겸직하는 경우 사용인분 급여도 집행임원의 보수에 포함한다.

집행임원의 보수 결정에 포함하는 보수의 범위는 다음과 같다.

구분	보수의 종류와 범위
집행임원의 보수	• 근로소득(급여, 상여, 기타인건비 등) • 퇴직소득 • 기타소득

🌑 보수총액의 계산

◉ 당기 포함 보수

이사회의(정관 또는 주주총회) 결의로 집행임원의 「당해 사업연도의 보수」를 결정할 때 집행임원의 보수총액은 당기 지급 예정된 소득세법상 근로소득, 기타소득, 퇴직소득 등을 합산한 금액으로 한다.

구분	보수총액 포함 보수
집행임원의 보수	• 당기 지급 예정된 근로소득, 퇴직소득, 기타소득 등 합산금액

◉ 당기 미포함 보수

이사회(정관 또는 주주총회)에서 당기(당해 사업연도) 집행임원의 보수를 결정할 때 장래에 지급하여야 할 보수(지급금액이 확정되었으나 이연지급하는 경우 등)는 「보수총액에 포함하지 않는 보수」로 명시하여 보수총액에 포함하지 않는다.

구분	보수총액 미포함 보수
집행임원의 보수	• 정관에 주식매수선택권 부여와 행사에 관한 규정을 두어 장래에 지급하는 경우 • 정관에 임원퇴직금 또는 임원퇴직금규정을 두어 장래에 지급하는 경우

🌑 보수총액 등 산정

정관이나 주주총회 또는 이사회의 결의로 집행임원의 보수를 결정할 때 집행임원 모두에게 1년간 지급하는 총보수의 보수총액을 기준으로 결정하여야 한다. 아울러 집행임원의 개별보수를 결정할 수 있으며, 이때에도 집행임원 총보수의 보수총액을 결정하여야 한다.

당기(당해 사업연도) 집행임원의 보수총액 계산방법은 다음과 같다.

구분	보수총액 계산방법
집행임원의 보수	• 산정대상 : 집행임원 총원 • 계산기간 : 1년(당기, 당해 사업연도) • 산정금액 : 보수총액 및 최고한도액

집행임원 보수결정 시기

집행임원의 보수는 일반적으로 매 사업기 개시 후 90일 이내에 이사회 등의 결의로 한다.

- 집행임원의 보수한도 결정 시기 : 매 사업기 개시 후 90일 이내

집행임원 보수결정 예시

당기 집행임원의 보수한도액을 결정하는 경우 작성 방법은 다음과 같다.

- 당기 집행임원의 수
- 당기 집행임원 전원의 보수총액 및 최고한도액

구분	당기 (8기)
집행임원의 수	○명
보수총액 및 최고한도액	○천만 원

④ 비등기임원의 보수 결정방법

비등기임원의 보수 결정방법은 「3. 집행임원의 보수 결정방법」과 같다.

2절　　　정관의 임원보수결정 위임규정

① 정관의 임원보수결정 위임규정 개요

⟫ 위임규정의 개요

① 정관에 이사와 감사의 보수 결정액을 규정하지 않는 경우 이사와 감사의 보수 결정을 주주총회의 결의로 위임하는 규정을 두어야 한다. 다만, 정관에 이사와 감사의 보수 결정과 구분하여 위임규정을 명시하여야 한다.

② 정관에 집행임원과 비등기임원의 보수 결정을 주주총회 또는 이사회의 결의로 결정을 규정할 수 있다.

《 정관의 임원보수결정 위임규정 》

구분	정관상 위임기관	비고
이사의 보수 결정	주주총회	상법 §388
감사의 보수 결정	〃	상법 §415
집행임원의 보수 결정	이사회 또는 총회	상법 §408조의2
비등기임원의 보수 결정	〃	-

⟫ 위임규정의 원칙

① 정관의 이사와 감사의 보수 결정을 위임하는 규정은 반드시 주주총회의 결의로 위임을 명시하여야 한다. 이사와 감사의 보수 결정을 이사회의 결의로 위임하는 정관 규정은 효력이 없다.

② 집행임원과 비등기임원의 보수는 정관에 규정이 없거나 주주총회의 승인이 없는 경우 이사회의 결의로 결정할 수 있다.

《 정관의 위임규정 원칙 》

정관	주총결의 위임	이사회결의 위임
이사와 감사의 보수	필수	불가
집행임원과 비등기임원의 보수	선택	선택

위임규정의 장점

이사와 감사의 보수

이사와 감사의 보수는 매년 당해 사업연도의 보수액을 결정하여야 한다. 그러므로 정관에 보수액을 명시하여 변경할 때마다 정관을 변경하는 직접규정 보다 주주총회의 결의로 보수액을 결정하는 위임규정이 편리하다.

① 직접규정 : 정관에 임원보수결정액을 명시하여 규정
  - 이사와 감사의 보수 결정액을 주주총회 특별결의로 정관에 명시한다. 보수액 변경 시 정관을 변경하여야 한다.
② 위임규정 : 정관에 임원보수결정을 주주총회의 결의로 규정
  - 이사와 감사의 보수액을 주주총회 보통결의로 결정한다.

《 정관의 위임규정 장점 》

정관	이사·감사의 보수 결정방법
위임규정	• 보수 결정 시 주주총회 보통결의
직접규정	• 보수 변경 정관변경 시 주주총회 특별결의

② 정관의 이사보수결정 위임규정

> [상법] 제388조(이사의 보수) 이사의 보수는 정관에 그 액을 정하지 아니한 때에는 주주총회의 결의로 이를 정한다.

➡ 위임규정의 개요

이사의 보수는 정관에 그 액을 정하지 않는 경우 반드시 주주총회의 결의로 위임하는 규정을 정관에 명시하여야 한다.

- 〈예시〉이사의 보수는 <u>주주총회의 결의로 결정</u>한다.

또한, 정관에 이사의 보수 결정에 관하여 주주총회의 결의로 위임하는 규정을 명시할 때 감사의 보수 결정과 구분하여 명시하여야 한다.

- 감사의 보수 결정 위임과 구분 명시

➡ 위임규정의 보수범위

정관에 이사의 보수 결정을 위임하는 규정을 두는 그 보수의 범위를 명확하게 명시하여야 한다. 일반적으로 이사의 보수란 급여, 상여, 퇴직금, 기타보수 등을 포함하는 포괄보수를 「이사의 보수」로 명시한다.

◉ 포괄보수

이사의 급여, 상여, 퇴직금, 기타보수 등을 포함한 포괄보수는 다음과 같이 명시한다.

- 이사의 보수
- 이사의 총보수
- 이사의 포괄보수
- 이사의 모든 보수

◉ 개별보수

이사의 개별보수를 다음과 같이 명시한다.

- 이사의 급여, 상여, 퇴직금
- 이사의 주식매수선택권 행사이익 등
- 이사의 기타보수 등

예시① 정관의 이사보수결정 위임규정 작성예시

정관의 위임으로 이사의 보수를 주주총회의 결의로 결정하는 정관 규정의 작성을 예시하면 다음과 같다.

예시1 : 표준적 규정

- 이사의 보수 결정에 관한 가장 일반적인 정관의 위임규정이다.

> 제○○조(이사의 보수)
> 이사의 보수는 주주총회의 결의로 정한다.

예시2 : 한도액 규정

- 이사의 보수를 한도액으로 결정을 위임한 정관의 규정이다.

> 제○○조(이사의 보수)
> 이사의 보수는 주주총회의 결의로 그 한도를 정한다.

> 제○○조(이사의 보수)
> 이사의 보수한도는 주주총회의 결의로 정한다.

예시3 : 보수총액 및 최고한도액 규정

- 이사의 보수를 총액 및 한도액으로 결정을 위임한 정관의 규정이다.

> 제○○조(이사의 보수)
> 이사의 보수는 주주총회의 결의로 보수총액 및 최고한도액을 정한다.

♻ 예시5 (개별보수로 결정 위임규정)

- 이사의 보수를 개별보수로 결정을 위임한 정관의 규정이다.

> 제○○조(이사의 보수)
> 이사의 급여는 주주총회의 결의로 정한다.

> 제○○조(이사의 보수)
> 이사의 급여와 상여금은 주주총회의 결의로 정한다.

⟳ 예시② 상장회사의 이사보수결정 위임규정 사례

상장기업의 정관상 이사의 보수를 주주총회의 결의로 위임을 규정한 정관 사례를 살펴보면 다음과 같다.

♻ A 전자

- 보수한도액 결정의 위임규정

> 제34조(이사의 보수)
> 이사의 보수한도는 주주총회의 결의로써 이를 정한다.

♻ B 통신

- 가장 일반적인 표준 위임규정

> 제49조(이사의 보수)
> ① 이사의 보수는 주주총회의 결의로 정한다.

○ C 물산

- 보수한도액 결정의 위임규정

> 제31조(이사의 보수)
> 이사의 보수는 주주총회의 결의로써 그 한도를 정한다.

○ D 항공

- 표준 위임규정

> 제32조(이사의 보수)
> ① 이사의 보수는 주주총회의 결의로 이를 정한다.

○ E 인터넷기업

- 개별보수 위임규정

> 제28조(이사의 보수)
> 이사의 급여와 상여는 주주총회의 결의로 정한다.

⊛ 예시③ 중견기업의 이사보수결정 위임규정 사례

중견기업의 정관상 이사의 보수를 주주총회의 결의로 위임을 규정한 정관 사례를 살펴보면 다음과 같다.

○ A 소프트

- 표준 위임규정

> 제39조(이사의 보수)
> ① 이사의 보수는 주주총회의 결의로 이를 정한다.

○ B 금속

- 위임 대상을 〈임원〉으로 명시

> 제38조(보수)
> ① 임원의 보수는 주주총회의 결의로 한다.

○ C 철강

- 위임 대상과 보수를 〈임원〉, 〈총액한도〉로 명시

> 제36조(임원의 보수)
> ① 임원보수의 총액한도는 주주총회에서 결정한다.

○ D 게임

- 구분 결의 위임규정

> 제40조(이사와 감사의 보수)
> ① 이사와 감사의 보수는 주주총회의 결의로 이를 정한다. 이사와 감사의 보수 결정을 위한 의안은 구분하여 의결하여야 한다.

● 예시④ 중소기업의 이사보수결정 위임규정 사례

중소기업의 정관상 이사의 보수를 주주총회의 결의로 위임을 규정한 정관 사례를 살펴보면 다음과 같다.

○ A 바이오

- 표준 위임규정

> 제39조(이사의 보수)
> ① 이사의 보수는 주주총회의 결의로 이를 정한다.

○ B 소프트

- 이사와 감사로 명시한 위임규정

제23조(보수)
이사와 감사의 보수는 주주총회에서 그 한도를 결정한다.

○ C 화장품

- 표준 위임규정

제23조(이사의 보수)
이사의 보수한도는 주주총회의 결의로 이를 결정한다.

❸ 정관의 감사보수결정 위임규정

> [상법] 제388조(이사의 보수) 이사의 보수는 정관에 그 액을 정하지 아니한 때에는 주주총회의 결의로 이를 정한다.
> 　　제415조(준용규정) 제388조는 감사에 준용한다.

➡ 위임규정 개요

감사의 보수는 정관에 그 액을 정하지 않는 경우 반드시 주주총회의 결의로 위임하는 규정을 정관에 명시하여야 한다. 감사에게 보수를 지급하지 않는 경우도 감사의 보수 결정에 관한 규정을 두어야 한다.

또한, 감사의 보수 결정에 관하여 정관에 주주총회의 결의로 위임하는 규정을 명시할 때 이사의 보수와 구분하여 명시하여야 한다.

➡ 위임보수의 명시

정관에 감사의 보수 결정 범위를 명확하게 명시하여야 한다. 감사에게 지급하는 급여, 상여, 퇴직금 등을 포괄보수 또는 개별보수 등으로 명시한다. 일반적으로 포괄보수를 「감사의 보수」로 명시한다.

- 감사의 보수
- 감사의 급여, 상여, 퇴직금
- 감사의 기타보수 등

➡ 예시① 정관의 감사보수결정 위임규정 작성예시

감사의 보수를 주주총회의 결의로 위임하는 정관 규정을 예시하면 다음과 같다.

↻ 예시1

> 제○○조(감사의 보수)
> 감사의 보수는 주주총회의 결의로 정한다.

○ 예시2

제○○조(감사의 보수)
감사의 보수는 주주총회의 결의로 그 한도를 정한다.

○ 예시3

제○○조(감사의 보수)
감사의 보수한도는 주주총회의 결의로 정한다.

○ 예시4

제○○조(감사의 보수)
감사의 보수는 주주총회의 결의로 보수총액과 보수한도를 정한다.

○ 예시5

제○○조(감사의 보수)
감사의 급여와 상여는 주주총회의 결의로 정한다.

◈ 예시② 중소기업의 감사보수결정 위임규정 사례

중소기업의 정관상 감사의 보수를 주주총회의 결의로 위임을 규정한 정관 사례를 살펴보면 다음과 같다.

○ A 바이오

제○○조(감사의 보수)
감사의 보수는 제39조를 준용한다.

○ B 미디어

제40조(감사의 보수)
감사의 보수는 주주총회의 의결로 지급한도를 결정한다.

○ C 정보

제38조(감사의 보수)
감사의 보수는 이사의 보수와 구분하여 주주총회의 결의로 이를 정한다.

○ D 소프트

제23조(보수)
이사와 감사의 보수는 주주총회에서 결정한다.

○ E 화학

제○○조(감사의 보수)
감사의 보수는 이사의 보수를 준용한다.

④ 정관의 집행임원 보수결정 위임규정

[상법] 제408조의2(집행임원 설치회사, 집행임원과 회사의 관계)
③ 집행임원 설치회사의 이사회는 다음의 권한을 갖는다.
6. 정관에 규정이 없거나 주주총회의 승인이 없는 경우 집행임원의 보수 결정

● 위임규정 개요

집행임원제도 설치회사의 집행임원 보수는 정관에 규정이 없거나 주주총회의 승인이 없는 경우 이사회에서 결정한다.

◐ 위임규정의 유무

집행임원 설치회사는 집행임원의 보수를 이사회에서 결정한다. 이때 정관의 위임규정 유무와 상관없이 이사회결의로 결정할 수 있다.

다만, 2인 이하 이사의 회사는 주주총회의 결의로 집행임원의 보수를 결정한다.

● 위임보수의 명시

정관에 집행임원의 보수범위를 명확하게 명시하여야 한다. 일반적으로 포괄보수(보수, 총보수), 개별보수(급여, 상여, 퇴직금, 기타보수 등)으로 결정보수를 명시한다.

- 집행임원의 보수(포괄보수)
- 집행임원의 개별보수(급여, 상여, 퇴직금 등)
- 집행임원의 기타보수 등

● 예시① 정관의 주총결의 위임규정 작성예시

정관에 집행임원의 보수를 주주총회의 결의로 위임규정을 예시하면 다음과 같다.

⏻ 예시1 : 일반적 위임규정

제○○조(집행임원의 보수)
집행임원의 보수는 주주총회의 결의로 정한다.

⏻ 예시2 : 한도액의 위임규정

제○○조(집행임원의 보수)
집행임원의 보수는 주주총회의 결의로 그 한도를 정한다.

제○○조(집행임원의 보수)
집행임원의 보수한도는 주주총회의 결의로 정한다.

⏻ 예시3 : 총액 및 한도액의 위임규정

제○○조(집행임원의 보수)
집행임원의 보수는 주주총회의 결의로 보수총액 및 최고한도액을 정한다.

제○○조(집행임원의 보수)
집행임원의 보수총액 및 최고한도액은 주주총회의 결의로 정한다.

⏻ 예시4 : 급여 등 개별보수 결의 위임규정

제○○조(집행임원의 보수)
집행임원의 급여와 상여금은 주주총회의 결의로 정한다.

●➜ 예시② 정관의 이사회결의 위임 작성예시

정관에 집행임원의 보수를 이사회의 결의로 위임규정을 예시하면 다음과 같다.

⟳ 예시1 : 일반적 위임규정

> 제○○조(집행임원의 보수)
> 집행임원의 보수는 이사회의 결의로 정한다.

⟳ 예시2 : 한도액의 위임규정

> 제○○조(집행임원의 보수)
> 집행임원의 보수는 이사회의 결의로 그 한도를 정한다.

> 제○○조(집행임원의 보수)
> 집행임원의 보수한도는 이사회의 결의로 정한다.

⟳ 예시3 : 총액 및 한도액의 위임규정

> 제○○조(집행임원의 보수)
> 집행임원의 보수는 이사회의 결의로 보수총액 및 최고한도액을 정한다.

> 제○○조(집행임원의 보수)
> 집행임원의 보수총액 및 최고한도액을 이사회결의로 정한다.

⟳ 예시4 : 급여 등의 위임규정

> 제○○조(집행임원의 보수)
> 집행임원의 급여와 상여금은 이사회의 결의로 정한다.

⑤ 정관의 비등기임원 보수결정 위임규정

> 비등기임원의 보수 결정은 집행임원의 보수 결정을 준용한다.

➡ 위임규정의 개요

비등기임원의 보수는 정관에 규정이 없거나 주주총회의 승인이 없는 경우 이사회에서 결정한다.

➡ 위임규정의 유무

비등기임원의 보수는 이사회에서 결정한다. 이때 정관의 위임규정 유무와 상관없이 이사회결의로 결정할 수 있다.

다만, 2인 이하 이사의 회사는 주주총회의 결의로 비등기임원의 보수를 결정한다.

➡ 위임보수의 명시

비등기임원의 보수 결정을 정관에 명시하여 위임하는 경우 위임하는 보수가 포괄보수인지 개별보수인지 기타보수인지를 명확하게 명시하여야 한다. 일반적으로 비등기임원에게 지급하는 급여, 상여, 퇴직금 등을 포함하는 포괄보수를 「비등기임원의 보수」로 명시하여 위임한다.

- 비등기임원의 보수
- 비등기임원의 급여, 상여, 퇴직금
- 비등기임원의 기타보수 등

➡ 예시① 정관상 비등기임원 보수의 주총결의 위임규정 예시

정관에 비등기임원의 보수 결정을 주주총회 결의로 규정하는 정관 규정의 작성을 예시하면 다음과 같다.

예시1

제〇〇조(비등기임원의 보수)
비등기임원의 보수는 주주총회의 결의로 이를 정한다.

예시2

제〇〇조(비등기임원의 보수)
비등기임원의 보수한도는 주주총회의 결의로 그 한도를 정한다.

예시3

제〇〇조(비등기임원의 보수)
비등기임원의 보수는 주주총회의 결의로 보수한도를 정한다.

예시4

제〇〇조(비등기임원의 보수)
비등기임원의 보수는 주주총회의 결의로 보수총액과 한도액을 결정한다.

예시5

제〇〇조(비등기임원의 보수)
비등기임원의 급여와 상여는 주주총회의 결의로 정한다.

➡ 예시② 정관상 비등기임원 보수의 이사회결의 위임규정 예시

정관에 비등기임원의 보수 결정을 이사회의 결의로 규정하는 정관 규정의 작성을 예시하면 다음과 같다.

⏻ 예시1

제〇〇조(비등기임원의 보수)
비등기임원의 보수는 이사회의 결의로 결정한다.

⏻ 예시2

제〇〇조(비등기임원의 보수)
비등기임원의 보수한도는 이사회의 결의로 한도를 정한다.

⏻ 예시3

제〇〇조(비등기임원의 보수)
비등기집행임원의 보수는 이사회의 결의로 보수한도를 정한다.

⏻ 예시4

제〇〇조(비등기임원의 보수)
비등기임원의 보수는 이사회의 결의로 보수총액 및 한도액을 정한다.

⏻ 예시5

제〇〇조(비등기임원의 보수)
비등기임원의 보수는 급여와 상여를 이사회결의로 이를 정한다.

정관의 임원보수결정액 직접규정

> [상법] 제388조(이사의 보수) 이사의 보수는 정관에 그 액을 정하지 아니한 때에는 주주총회의 결의로 이를 정한다.

① 임원보수결정액 직접규정 개요

정관의 임원보수결정액 직접규정 개요

정관의 임원보수결정액 규정 요건

정관에 임원의 보수결정 금액을 직접 규정할 수 있다. 다만, 정관에 이사·감사의 보수 결정을 주주총회의 결의로 위임규정을 두지 않은 경우 또는 집행임원·비등기임원의 보수를 주주총회 또는 이사회의 결의로 결정하지 않은 경우이다.

《 정관의 임원보수결정액 규정 요건 》

구분	임원보수액 정관규정 요건	관련법률
이사의 보수	정관에 위임규정이 없는 경우	상법 §388
감사의 보수	정관에 위임규정이 없는 경우	상법 §415
집행임원의 보수	주주총회·이사회의 결의가 없는 경우	상법 §408조의2
비등기임원의 보수	주주총회·이사회의 결의가 없는 경우	-

정관의 임원보수결정액 규정 내용

정관에 임원보수액을 직접 명시하여 규정하는 경우 규정 대상의 임원과 원수, 보수의 종류와 결정액, 계산방법, 지급시기 등에 관한 사항을 명확하게 명시하여 규정하여야 한다. 정관에 임원보수결정액의 규정 기준과 내용은 다음과 같다.

《 정관의 임원보수결정 직접규정 기준 》

구분	정관의 임원보수결정액 내용
규정 대상	• 이사*, 감사* 집행임원**, 비등기임원**
대상 인원	• 총원 또는 직위별·직위별 원수 및 1인
계산 기간	• 각 사업연도, 매 사업기, 1년
결정 보수	• 포괄보수, 개별보수(급여, 상여, 퇴직급여, 기타보수 등) 총액 및 한도액
적용 기간	• 지급기간, 지급시기, 시행일

* 정관에 주주총회 결의로 이사 등 보수결정 위임규정을 두지 않은 경우
** 이사회 또는 주주총회 결의로 집행임원 등 보수 결정을 하지 않은 경우

● 정관 임원보수결정액 직접규정 절차

정관에 규정하는 임원보수액의 직접규정 주주총회 등 절차는 다음과 같다.

《 정관의 임원보수액결정 절차 》

절차	결의사항 등	관련 서류
이사회 소집	• (D-14) 총회소집 이사회결의 • (D-0) 총회소집 총주주동의*)	• 이사회의사록 • (총주주동의서)
주주총회 결의	• (D-0) 정관변경 주주총회 특별결의	• 주주총회의사록 • 변경정관
변경정관	• (D+14) 변경 정관	• 인증(선택)

* 자본금 10억원 미만 주식회사

● 정관 임원보수결정액 직접규정의 단점

정관에 명시한 임원보수의 변경을 위해서는 주주총회의 특별결의로 정관을 변경하여야 한다. 정관에 명시한 임원보수 관련 내용 등 변경에 따른 정관의 변경 사항은 다음과 같다.

《 임원보수 정관변경 사항 》

임원보수결정서	정관변경사항
정관	• 임원보수액의 변경이 있는 경우 • 임원보수 적용기간의 변경이 있는 경우 • 임원보수 구분 및 범위의 변경이 있는 경우 • 기타 임원보수 관련 변경이 있는 경우

● 주주총회 특별결의

주주총회의 특별결의는 출석한 주주의 의결권의 3분의 2 이상의 수와 발행주식총수의 3분의 1 이상의 수로 결의하여야 한다. (상법 제434조)

- 출석한 주주의 의결권의 3분의 2 이상
- 발행주식총수의 3분의 1 이상

상법의 주주총회 특별결의 주요 사항은 다음과 같다.

구분	특별결의 주요사항 (상법§434)
주주총회 특별결의	• 정관의 변경(제434조) • 자본의 감소(제438조) • 회사의 합병(제522조) • 회사의 분할(제530조의3 제2항) • 영업의 양도, 양수(제374조) • 사후설립(제375조) • 이사, 감사의 해임(제385조 제1항, 제415조) • 주식의 할인발행(제417조 제1항)

② 정관의 이사보수결정액 직접규정

> [상법] 제388조(이사의 보수) 이사의 보수는 정관에 그 액을 정하지 아니한 때에는 주주총회의 결의로 이를 정한다.

정관의 이사보수결정액 직접규정 개요

정관의 직접규정 개요

이사의 보수를 정관에 그 액을 명시하여 직접 규정할 수 있다. 정관에 이사의 보수 결정에 관하여 주주총회 결의로 위임규정을 두지 않은 경우, 주주총회에서 이사의 보수를 결정하지 않은 경우에 정관에 이사의 보수를 직접 명시하여 규정한다.

- 정관에 이사의 보수의 총회 결정의 위임규정을 두지 않은 경우
- 주주총회에서 이사의 보수를 결정하지 않은 경우

정관의 직접규정 내용

이사의 보수를 정관에 직접 규정하는 방법은 직접규정 대상과 인원, 보수 결정의 종류와 결정, 계산방법과 지급방법, 계산기간, 지급시기 등을 명확히 규정하여야 한다. 정관의 직접규정 방법을 예시하면 다음과 같다.

《 정관의 감사보수결정액 규정기준 》

구분	정관 직접규정 내용
규정 대상	• 이사(필수), 비등기 이사(선택)
대상 인원	• 총원, 직위별 직책별 직무별 1인 등
계산 기간	• 각 사업연도, 매 사업기, 1년
결정 보수	• 포괄보수, 개별보수 (급여, 상여, 퇴직금, 기타 보수 등), 보수총액 및 최고한도액
적용 기간	• 지급시기, 지급 기간, 시행일

예시① 정관의 「효력 없는 이사의 보수액 등」 규정 예시

사례예시 : 효력 없는 정관 규정

정관의 이사보수결정액 규정에 이사의 보수 계산기간, 적용시기 등을 정하지 않고 통칭하여 한도액으로만 규정한 경우이다.

> [정 관]
> 제○○조(이사의 보수) 이사의 보수는 5억원 이내로 한다.

검토사항

사례예시의 경우 다음의 문제가 발생하므로 이에 대한 문제점을 검토하여 명시하여야 한다.

- 규정 대상 인원의 여부
- 계산기간의 여부
- 적용 기간의 여부

작성예시

검토사항을 반영하여 효력 있는 이사의 보수 정관 규정 작성을 예시하면 다음과 같다.

> [정 관]
> 제○○조(이사의 보수) 이사 전원의 각 사업연도 1년간 보수총액은 5억원 이내로 지급한다.

예시② 「이사의 보수한도액」 정관 규정의 방법

정관의 이사보수결정액 규정에 이사의 포괄보수의 계산방법과 보수결정액, 지급시기, 한도액 등으로 구체적으로 명시하여야 한다. 정관의 이사보수결정액 규정에 한도액으로 명시한 정관 규정을 예시하면 다음과 같다.

⟳ **작성예시 1**

[정 관]

제○○조(이사의 보수) ① 이사의 보수는 매년 1월 1일부터 12월 31일까지 1년간 다음의 한도로 지급한다.

구분	1년
이사의 수	3명
보수총액 및 최고한도액	5억원

② 제1항의 이사의 보수는 2023년 1월 1일부터 적용한다.

⟳ **작성예시 2**

[정 관]

제○○조(이사의 보수) ① 이사 전원의 보수는 매년 1월 1일부터 12월 31일까지 매 사업기에 1년간 5억원 이내로 한다.
② 제1항의 이사의 보수는 2023년 1월 1일부터 적용한다.

✦ 예시③ 「퇴직금 등 제외한 이사의 보수한도액」 정관 규정의 방법

정관의 이사보수결정액 규정에 이사의 보수에 포함하지 않은 개별보수 등을 함께 명시하여 결정할 수 있다.

- 정관에 규정한 주식매수선택권 행사이익
- 정관에 규정한 퇴직금 등
- 정관에 규정한 복리후생적 급여 등 보수

⟳ **작성예시 1**

정관의 이사보수결정액 규정에 이사의 포괄보수에 포함하지 않는 개별보수를 함께 명시하는 규정을 예시하면 다음과 같다.

> **[정 관]**
>
> 제○○조(이사의 보수) ① 이사의 보수는 매년 1월 1일부터 12월 31일까지 1년간 다음과 같이 지급한다. 다만, 정관에 규정한 퇴직금과 주식매수선택권 행사이익액은 제외한다.
>
> | 구분 | 1년 |
> |---|---|
> | 이사의 수 | 3명 |
> | 보수총액 및 최고한도액 | 5억원 |
>
> ② 제1항의 이사의 보수는 2023년 1월 1일부터 적용한다.

○ 작성예시 2

> **[정 관]**
>
> 제○○조(이사의 보수) ① 이사 전원의 보수는 매년 1월 1일부터 12월 31일까지 매 사업기에 1년간 5억원 이내로 한다. 다만, 정관에 규정한 퇴직금과 주식매수선택권 행사이익은 제외한다.
>
> ② 제1항의 이사의 보수는 2023년 1월 1일부터 적용한다.

◉ 작성예시④ 「이사 1인의 보수한도액」 정관 규정의 방법

정관에 이사보수결정액을 이사 1인의 보수한도액을 명시하여 규정할 수 있다. 다만, 반드시 총이사의 보수한도액을 함께 명시하여야 한다.

○ 작성예시 1

정관의 이사보수결정액 규정에 이사의 보수한도액과 이사 1인의 보수한도액을 함께 명시하는 정관 규정을 예시하면 다음과 같다.

> **[정 관]**
>
> 제○○조(이사의 보수) ① 이사의 보수는 매년 1월 1일부터 12월 31일까지 1년간 다음과 같이 지급한다. 다만, 이사 1인의 보수는 연간 1억원 이내로 한다.
>
> | 구분 | 1년 |
> |---|---|
> | 이사의 수 | 3명 |
> | 보수총액 및 최고한도액 | 5억원 |
>
> ② 제1항의 이사의 보수는 2023년 1월 1일부터 적용한다.

◎ 작성예시 2

> [정 관]
> 제○○조(이사의 보수) ① 이사 전원의 보수는 매년 1월 1일부터 12월 31일까지 연간 5억
> 원 이내로 한다. 다만, 이사 1인의 보수는 연간 1억원 이내로 한다.
> ② 제1항의 이사의 보수는 2023년 1월 1일부터 적용한다.

⚙ 예시⑤ 「직위별 이사의 보수한도액」 정관 규정의 방법

정관에 이사보수결정액을 이사의 직위별·직책별 , 직무별 보수한도액을 규정할 수 있다. 다만, 반드시 총이사의 한도액을 명시하여야 한다.

◎ 작성예시

정관의 이사보수결정액 규정에 이사의 직위별 보수한도를 명시하는 정관 규정을 예시하면 다음과 같다.

> [정 관]
> 제○○조(이사의 보수) ① 총이사의 보수는 매년 1월 1일부터 12월 31일까지 1년간에 5억원 이내로 지급한다. 이사 1인의 직위별 연간 보수한도는 다음과 같다.
>
> | 구분 | 대표이사 | 전무이사 | 상무이사 | 이사 |
> |------|---------|---------|---------|------|
> | 최고한도액 | 2억원 | 1억원 | 1억원 | 1억원 |
>
> ② 제1항의 이사의 보수는 2023년 1월 1일부터 적용한다.

③ 정관의 감사보수결정액 직접규정

[상법] 제415조(준용규정) 제388조는 감사에 준용한다.
제388조(이사의 보수) 이사의 보수는 정관에 그 액을 정하지 아니한 때에는 주주총회의 결의로 이를 정한다.

정관의 「감사의 보수」 직접규정 개요

정관의 직접규정 요건

정관에 감사보수결정액을 명시하여 직접 규정할 수 있다. 감사의 보수 결정에 관하여 주주총회 결의로 위임규정을 두지 않은 경우, 주주총회에서 감사의 보수를 결정하지 않은 경우에 정관에 감사의 보수액을 직접 명시하여 규정한다.

- 정관에 감사의 보수 결정을 총회결의로 위임규정을 두지 않은 경우
- 주주총회에서 감사의 보수를 결정하지 않은 경우

정관의 직접규정 내용

감사의 보수를 정관에 직접 규정하는 방법은 규정의 대상, 계산방법, 보수 내용, 적용 기간 등을 명확히 규정하여야 한다.

정관에 명시하는 감사보수결정액 직접규정 내용은 다음과 같다.

《 정관의 감사보수결정액 규정기준 》

구분	정관 규정 내용
규정 대상	• 감사(필수), 감사위원(필수), 비등기 감사(선택)
대상 인원	• 총원, 1인, 직위별
계산기간	• 각 사업업연도, 각 사업기, 1년
결정 보수	• 포괄보수, 개별보수(급여, 상여, 퇴직금, 기타인건비), 보수총액 및 최고한도액
적용 기간	• 지급시기, 지급 기간, 시행일

📌 예시① 「감사의 보수한도액」 정관 규정의 방법

정관에 감사의 보수를 직접 명시하여 규정하는 감사의 보수는 1 사업기를 계산기간 등으로 정관규정기준을 준수하여 포괄보수 또는 개별보수를 직접 규정한다.

○ 작성예시

정관의 감사보수결정액 규정에 감사의 보수를 한도액으로 명시하는 규정을 예시하면 다음과 같다.

[정 관]

제○○조(감사의 보수) ① 감사의 보수는 매년 1월 1일부터 12월 31일까지 1년간 다음과 같이 지급한다.

구분	1년
감사의 수	1명
보수총액 및 최고한도액	5천만 원

② 제1항의 감사의 보수는 2023년 1월 1일부터 적용한다.

📌 예시② 「퇴직금을 제외한 감사의 보수」 정관 규정의 방법

정관에 감사보수결정액 규정에 감사의 포괄보수에 포함하지 않는 다음의 개별보수 등을 명시하여 포괄보수액을 결정할 수 있다.

- 주식매수선택권 행사이익
- 퇴직급여
- 기타보수

○ 작성예시

정관의 감사보수결정액 규정에 감사의 포괄보수 결정에 포함하지 않는 개별보수를 함께 명시하는 규정을 예시하면 다음과 같다.

제○○조(감사의 보수) ① 감사의 보수는 매년 1월 1일부터 12월 31일까지 매 사업기 1년 간 다음의 보수로 한다. 다만, 정관에 규정한 퇴직금은 제외한다.

구분	1년
감사의 수	1명
보수총액 및 최고한도액	5천만 원

② 제1항의 감사의 보수는 2023년 1월 1일부터 적용한다.

4 정관의 집행임원 보수결정액 직접규정

[상법] 제408조의2 ③ 집행임원 설치회사의 이사회는 다음의 권한을 갖는다.
　　　6. 정관에 규정이 없거나 주주총회의 승인이 없는 경우 집행임원의 보수 결정

정관의 「집행임원 보수」 직접규정 개요

정관의 직접규정 요건

집행임원 설치회사는 집행임원 보수결정액을 정관에 직접 규정할 수 있다.

등기 집행임원의 보수를 주주총회 또는 이사회의 결의로 결정하지 않은 경우 정관에 그 액을 직접 명시하여 규정할 수 있다.

• 주주총회 및 이사회의 결의로 결정하지 않은 경우

정관의 직접규정 내용

정관의 집행임원 보수결정액 직접규정은 보수계산 방법과 결정보수, 적용기간, 보수결정액 등을 명확히 규정하여야 한다. 정관에 명시하는 집행임원 보수결정액 규정기준은 다음과 같다.

《 정관의 집행임원 보수결정액 규정기준 》

구분	정관의 집행임원 직접규정 내용
규정 대상	• 등기 집행임원(선택), 비등기 집행임원(선택)
대상 인원	• 총원, 1인
계산기간	• 각 사업연도, 1년
결정 보수	• 포괄보수(총보수) 또는 개별보수(급여, 상여, 퇴직금, 기타보수 등) 총액 및 한도액
적용 기간	• 지급 기간, 지급시기, 시행일

➡ 예시① 「집행임원의 보수한도」 정관 규정의 방법

집행임원의 보수를 한도액으로 규정하는 방법으로 정관에 집행임원 보수결정액을 한도액으로 규정할 수 있다. 정관 규정은 집행임원의 인원과 계산방법, 적용기간, 지급시기 등을 검토하여 명시하여야 한다.

- 규정 대상 인원의 여부
- 계산 기간의 여부
- 적용 기간의 여부

○ 작성예시

정관의 집행임원 보수결정액 규정에 집행임원의 보수한도를 명시하는 규정을 예시하면 다음과 같다.

[정 관]

제○○조(집행임원의 보수) ① 집행임원의 보수는 각 사업연도 1월 1일부터 12월 31일까지 1년간 보수는 다음과 같이 지급한다.

구분	1년
집행임원의 수	3명
보수총액 및 최고한도액	5억원

② 제1항의 집행임원의 보수는 2023년 1월 1일부터 적용한다.

예시② 「퇴직금 등을 제외한 집행임원의 보수」 정관 규정의 방법

정관에 집행임원 보수결정액 규정에 집행임원의 포괄보수에 포함하지 않는 다음의 개별보수 등을 명시하여 포괄보수를 결정할 수 있다.

- 주식매수선택권 행사이익
- 퇴직금 또는 퇴직금 산정액
- 기타보수 등

○ 작성예시

정관의 집행임원 보수결정액 규정에 집행임원포괄보수에 포함하지 않는 개별보수를 함께 명시하는 규정을 예시하면 다음과 같다.

[정 관]

제○○조(집행임원의 보수) ① 집행임원의 보수는 각 사업연도 1월 1일부터 12월 31일까지 1년간 보수는 다음의 한도로 지급한다. 다만, 정관에 규정한 주식매수선택권 행사이익과 퇴직금은 포함하지 않는다.

구분	1년
집행임원의 수	3명
보수총액 및 최고한도액	5억원

② 제1항의 집행임원의 보수는 2023년 1월 1일부터 적용한다.

예시③ 「집행임원 1인의 보수한도」 정관 규정의 방법

정관의 집행임원 보수결정액 규정에 집행임원 1인의 보수한도를 명시할 수 있다. 다만, 집행임원 보수결정액에 반드시 집행임원 모두의 보수 한도 총액을 명시하여야 한다.

○ 작성예시

정관의 집행임원 보수결정액 규정에 집행임원 1인의 보수한도액을 명시하는 직접규정을 예시하면 다음과 같다.

> **[정 관]**
>
> 제○○조(집행임원의 보수) ① 집행임원의 보수는 각 사업연도 1월 1일부터 12월 31일까지 1년간 다음의 한도로 지급한다. 다만, 집행임원 1인의 연간 보수한도액은 1억원 이내로 한다.
>
> | 구분 | 1년 |
> |---|---|
> | 집행임원의 수 | 3명 |
> | 보수총액 및 최고한도액 | 5억원 |
>
> ② 제1항의 집행임원보수는 2023년 1월 1일부터 적용한다.

예시④ 「직위별 집행임원의 보수한도」 정관 규정의 방법

정관의 집행임원 보수결정액 규정에 직위별 집행임원의 보수한도를 명시할 수 있다. 다만, 집행임원 보수결정액에 반드시 집행임원 총원의 보수한도 총액을 명시하여야 한다.

작성예시

정관의 집행임원 보수결정액 규정에 직위별 보수한도액으로 명시하는 규정을 예시하면 다음과 같다.

> **[정 관]**
>
> 제○○조(집행임원의 보수) ① 집행임원 전원의 보수는 각 사업연도 1년간 5억원 이내로 지급한다. 집행임원 1인의 직위별 1년간 보수는 다음의 한도액 이내로 한다.
>
> | 구분 | 대표 | 전무 | 상무 | 본부장 |
> |---|---|---|---|---|
> | 보수총액 및 최고한도액 | 1.5억원 | 1.2억원 | 1.1억원 | 1억원 |
>
> ② 제1항의 집행임원의 보수는 2023년 1월 1일부터 적용한다.

⑤ 정관의 비등기임원 보수결정액 직접규정

> 비등기임원의 보수 결정은 집행임원의 보수 결정을 준용한다.
>
> [상법] 제408조의2 ③ 집행임원 설치회사의 이사회는 다음의 권한을 갖는다.
> 　　6. 정관에 규정이 없거나 주주총회의 승인이 없는 경우 집행임원의 보수 결정

「비등기임원의 보수」직접규정 개요

정관의 직접규정 요건

비등기임원의 보수 결정은 집행임원 보수 결정을 준용한다(상법§408조의2 제3항§6호). 비등기임원의 보수는 주주총회 또는 이사회의 결정이 없는 경우 정관에 명시하여 직정 규정한다.

- 주주총회 및 이사회의 결의로 결정하지 않은 경우

정관의 직접규정 내용

비등기임원의 보수를 정관에 직접규정하는 경우 인원의 수와 계산방법과 결정보수액, 적용기간 등을 명확하게 명시하여야 한다. 정관에 명시하는 비등기임원 보수결정액 규정내용은 다음과 같다.

《 정관의 집행임원 보수결정액 규정기준 》

구분	정관의 집행임원 직접규정 내용
규정 대상	• 비등기임원 (업무지시자·무권대리자·업무집행자, 임원직무종사자, 사용자 등)
대상 인원	• 총원, 1인
계산기간	• 각 사업연도, 매 사업기, 1년
결정 보수	• 포괄보수(개별보수 포함 총보수), 개별보수(급여, 상여, 퇴직금, 기타보수 등), 보수총액 및 최고한도액
적용 기간	• 지급 기간, 지급시기, 시행일자

➡️ 예시① 「비등기임원의 보수한도액」 정관 규정의 방법

정관에 비등기임원 보수결정액을 한도액으로 규정할 수 있다. 정관에 규정하는 보수의 종류, 보수계산 방법과 기간, 지급시기 등을 검토하여 명시하여야 한다.

- 규정 대상 인원의 여부
- 계산기간의 여부
- 적용 기간의 여부

⟳ 작성예시 1

정관의 비등기임원 보수결정액 규정에 비등기임원의 보수를 한도액으로 명시하는 규정을 예시하면 다음과 같다.

[정 관]

제○○조(집행임원의 보수) ① 비등기임원의 보수는 각 사업년도 1월 1일부터 12월 31일까지 1년간 다음의 보수한도로 지급한다.

구분	1년
비등기임원의 수	3명
보수총액 및 최고한도액	5억원

② 제1항의 비등기임원의 보수는 2023년 1월 1일부터 적용한다.

⟳ 작성예시 2

[정 관]

제○○조(이사의 보수) ① 비등기임원 전원의 보수는 각 사업연도 1월 1일부터 12월 31일까지 1년간 5억원 이내로 지급한다.
② 제1항의 비등기임원의 보수는 2023년 1월 1일부터 적용한다.

➡ 예시② 「퇴직금 제외 비등기임원의 보수한도액」 정관 규정의 방법

비등기임원의 보수를 정관에 규정한 퇴직금, 정관의 위임으로 주주총회의 결의로 정한 퇴직금 등을 제외한 비등기임원의 보수를 정관에 한도액으로 규정할 수 있다.

- 정관에 규정한 주식매수선택권 행사이익
- 정관 또는 정관의 위임으로 주주총회의 결의로 정한 퇴직금
- 정관 또는 정관의 위임으로 주주총회의 결의로 정한 복리후생적 급여의 보수

○ 작성예시 1

정관의 비등기임원 보수결정액 규정에 퇴직금 등을 제외한 비등기임원의 보수를 한도액으로 명시하는 규정을 예시하면 다음과 같다.

[정 관]

제○○조(집행임원의 보수) ① 비등기임원의 보수는 정관에 규정한 퇴직금, 주주총회 결의로 정한 퇴직금을 제외하고 각 사업년도 1월 1일부터 12월 31일까지 1년간 다음과 같이 지급한다.

구분	1년
비등기임원의 수	3명
보수총액 및 최고한도액	5억원

② 제1항의 비등기임원의 보수는 2023년 1월 1일부터 적용한다.

○ 작성예시 2

[정 관]

제○○조(이사의 보수) ① 비등기임원 전원의 보수는 정관에 규정한 퇴직금, 주주총회 결의로 정한 퇴직금을 제외하고 각 사업연도 1월 1일부터 12월 31일까지 1년간 보수총액 및 최고한도액을 5억원 이내로 지급한다.
② 제1항의 비등기임원의 보수는 2023년 1월 1일부터 적용한다.

4절　　주주총회의 임원보수결정 결의서

① 주주총회의 이사보수결정 결의서

> [상법] 제388조(이사의 보수) 이사의 보수는 정관에 그 액을 정하지 아니한 때에는 주주총회의 결의로 이를 정한다.

주총결의 이사보수결정 개요

이사의 보수 결정 시기

이사의 보수는 매 사업연도 개시일로부터 90일 이내 또는 해당 사업기에 감사의 보수 등 변경이 있는 경우에 결정한다. 이사의 보수 결정 시기 등을 요약하면 다음과 같다.

대상	이사의 보수 결정 시기 등
이사의 보수 결정	• 주기 : 매 사업기, 매 사업연도, 1년
	• 기한 : 각 사업연도 개시일 이후 90일 이내
	• 임의 : 감사의 보수 관련 변경이 있을 때

주총결의 이사보수결정 내용

정관의 위임으로 주주총회에서 이사의 보수를 결정은 정기총회 또는 임시총회에서 결정한다.

《 주총결의 이사보수결정 기준 》

구분	이사의 보수 결정 내용
결의 대상	• 이사(필수), 비등기이사(선택)
대상 인원	• 총원, 1인
계산기간	• 각 사업연도 각 사업기, 1년
결정 보수	• 포괄보수(개별보수 포함 총보수), 개별보수(급여, 상여, 퇴직금, 기타보수 등) 총액 및 한도액

● 주총결의 이사의 보수범위

정관의 위임으로 주주총회 결의로 결정하는 이사의 보수는 당기(사업기)에 지급하는 급여, 상여, 퇴직급여, 기타보수 등을 포함한 이사에게 1년간의 지급하는 모든 보수이다.

《 주총결의 이사의 보수범위 》

구분	이사의 보수 종류	
이사의 보수	• 근로소득	급여
		상여
		주식매수선택권 행사이익
		기타 근로소득
	• 퇴직소득	
	• 기타소득	

● 이사의 보수총액 보고

상장회사와 일부 외부감사법인은 각 사업연도에 등기임원 모두에게 지급한 보수총액 또는 5억원 이상을 지급한 비등기임원을 포함한 개별임직원의 보수총액을 자본시장법 등에 의하여 금융감독원에 각 사업연도 경과 후 90일 이내에 사업보고서에 기재하여 제출하여야 한다.

대상	임원보수총액 보고	비고
• 상장법인 • 외부감사법인(증권소유자 500인 이상)	각 사업연도 경과 후 90일 이내	자본시장법§제159 영§168 행칙§4-3

● 주주총회의 이사보수결정 결의서 작성방법

정관의 위임으로 주주총회의 결의로 결정하는 「이사의 보수결정 주주총회 결의서」 작성 방법은 다음과 같다.

● 작성예시① 「당기 이사의 보수한도」 주총결의서

주주총회에서 당기 이사의 보수를 한도액으로 결정하는 「당기 이사보수결정 주주총회 결의서」 작성을 예시하면 다음과 같다.

[주주총회의사록]

제○호 의안 : 이사의 보수한도 승인 건

의장은 총회에 당기(8기) 이사의 보수한도를 다음과 같이 상정하고 심의 및 결의를 요청하여, 이를 출석주주 전원이 찬성하여 승인으로 가결하다.

구분	전기(7기)	당기(8기)
이사의 수	3명	3명
보수총액 및 최고한도액	4억 원	5억 원

● 작성예시② 「당기 이사의 보수한도와 개별보수 이사회결의」 주총결의서

주주총회에서 당기 이사의 보수한도액 결정하고, 〈이사의 개별보수는 이사회의 결의로 정한 임원보수지급규정〉에 의하여 지급하는 「당기 이사보수결정 주주총회 결의서」 작성을 예시하면 다음과 같다.

[주주총회의사록]

제○호 의안 : 이사의 보수한도 승인 건

의장은 총회에 당기(8기) 이사의 보수한도를 다음과 같이 상정하고, 이사의 개별보수는 이사회의 결의로 정한 임원보수지급규정에 의하여 지급할 것을 심의 및 결의를 요청하여, 이를 출석주주 전원이 찬성하여 승인으로 가결하다.

구분	전기(7기)	당기(8기)
이사의 수	3명	3명
보수총액 및 최고한도액	4억 원	5억 원

● 작성예시③ 「퇴직금을 제외한 이사의 보수한도」 주총결의서

주주총회에서 정관에 규정한 퇴직금, 정관의 위임으로 주주총회 결의로 정한 퇴직금을 제외하고 이사의 보수를 결정하는 「당기 이사보수결정 주주총회 결의서」 작성을 예시하면 다음과 같다.

[주주총회의사록]

제○호 의안 : 이사의 보수한도 승인 건

의장은 정관이나 정관의 위임으로 주주총회에서 결정한 퇴직급여를 제외하고 당기 이사의 보수를 다음과 같이 상정하여 심의 및 결의를 요청하여, 이를 출석주주 전원이 찬성하여 승인으로 가결하다.

구분	전기(7기)	당기(8기)
이사의 수	3명	3명
보수총액 및 최고한도액	4억 원	5억 원

● 작성예시④ 「주식매수선택권 행사이익 등 제외한 이사의 보수」 주총결의서

주주총회에서 정관에 규정한 주식매수선택권 행사이익과 퇴직금 등 개별보수를 제외한 「당기 이사보수결정액 주주총회 결의서」 작성을 예시하면 다음과 같다.

[주주총회의사록]

제○호 의안 : 이사의 보수한도 승인 건

의장은 정관이나 정관의 위임으로 주주총회에서 결정한 퇴직금과 정관에 규정한 주식매수선택권 행사이익을 제외하고 당기(8기) 이사의 보수를 다음과 같이 상정하여 심의 및 결의를 요청하여, 이를 출석주주 전원이 찬성하여 승인으로 가결하다.

구분	전기(7기)	당기(8기)
이사의 수	3명	3명
보수총액 및 최고한도액	4억원	5억원

● 작성예시⑤ 「직위별 이사의 보수한도」 주총결의서

주주총회 결의로 이사의 보수를 직위별 이사 1인의 보수총액 및 보수한도를 결의할 수 있다. 이때 유의할 점은 반드시 총이사의 보수총액 및 보수한도를 함께 결의하여야 한다.

「직위별 이사보수결정액 주주총회 결의서」 작성을 예시하면 다음과 같다.

[주주총회의사록]

제○호 의안 : 이사의 보수한도 승인 건

의장은 당기(8기) 직위별 이사의 보수를 다음과 같이 상정하여 심의 및 결의를 요청하여 출석주주 전원이 찬성하여 승인으로 가결하다.

구분	이사의 수	보수총액 및 최고한도액	대표이사	전무이사	상무이사	일반이사
전기(7기)	5명	5억원	2억원	1억원	1억원	1억원
당기(8기)	5명	6억원	3억원	1억원	1억원	1억원

● 작성예시⑥ 「비등기이사 포함 이사의 보수한도」 주총결의서

주주총회에서 비등기이사의 보수를 포함한 이사의 보수를 결정할 수 있다. 이때 유의할 점은 반드시 비등기이사의 수를 함께 기재하여 결정하여야 한다.

비등기이사를 포함한 「당기 이사보수결정액 주주총회 결의서」 작성을 예시하면 다음과 같다.

[주주총회의사록]

제○호 의안 : 이사의 보수한도 승인 건

의장은 당기 비등기이사를 포함한 이사의 보수를 다음과 같이 상정하여 심의 및 결의를 요청하여, 이를 출석주주 전원이 찬성하여 승인으로 가결하다.

구분	전기(7기)	당기(8기)
이사(비등기이사)의 수	7명(4명)	6명(3명)
보수총액 및 최고한도액	5억 원	5억 원

❷ 주주총회의 감사보수결정 결의서

> [상법] 제388조(이사의 보수) 이사의 보수는 정관에 그 액을 정하지 아니한 때에는 주주총회의 결의로 이를 정한다.
> 제415조(준용규정) 감사의 보수는 제388조를 준용한다.

➡️ 주총결의 감사보수결정 개요

감사의 보수는 정관에 보수결정액을 정하거나 정관의 위임으로 주주총회의 결의로 결정한다.

🌐 감사의 보수 결정 시기

감사의 보수는 매 사업연도 개시일로부터 90일 이내 또는 해당 사업기에 감사의 보수 등 변경이 있는 경우에 결정한다. 감사의 보수 결정 시기 등을 요약하면 다음과 같다.

대상	감사의 보수 결정 시기 등
감사의 보수 결정	• 주기 : 매 사업기, 매 사업연도, 1년
	• 기한 : 매 사업연도 개시일로부터 90일 이내
	• 임의 : 감사의 보수 관련 변경이 있을 때

🌐 주총결의 대상 감사보수

정관의 위임으로 주주총회에서 감사의 보수를 결정한다. 이때, 주주총회에서 감사를 선임하고 등기하지 않은 미등기감사의 보수를 포함하여 결정한다.

또한, 이사회에서 선임한 감사의 직무를 수행하는 비등기 감사의 보수도 주주총회의 결의로 결정할 수 있다.

대상	감사의 보수 결의
감사	• 등기 감사의 보수 (필수)
	• 미등기 감사의 보수 (필수)
	• 비등기 감사의 보수 (선택)

● 주총결의 감사보수결정 내용

주주총회의 결의로 결정하는 감사의 보수는 그 대상과 인원, 보수의 계산기간, 보수계산의 범위 등 감사보수결정액 주총결의 기준과 내용은 다음과 같다.

《 주총결의 감사보수결정 기준 》

감사보수	주총결의내용
결의 대상	• 필수(등기감사, 감사위원), 선택(비등기감사)
대상 인원	• 총원, 1인
계산기간	• 1년, 1사업기, 당해 사업연도
결정 보수	• 포괄보수, 개별보수, 보수총액 및 최고한도액
적용 기간	• 시행일, 지급기간, 지급시기

● 감사의 보수총액 보고

상장회사와 일부 외부감사법인은 각 사업연도에 등기임원 모두에게 지급한 보수총액 또는 5억원 이상을 지급한 비등기임원을 포함한 개별임직원의 보수총액을 자본시장법 등에 의하여 금융감독원에 각 사업연도 경과 후 90일 이내에 사업보고서에 기재하여 제출하여야 한다.

대상	임원보수총액 보고	비고
• 상장법인 • 외부감사법인(증권소유자 500인 이상)	각 사업연도 경과 후 90일 이내	자본시장법§제159 영§168 행칙§4-3

❀ 주주총회의 감사보수결정 결의서 작성방법

정관의 위임으로 주주총회 결의로 결정하는 감사의 보수 결정 주주총회 결의서 작성방법을 예시하면 다음과 같다.

● 작성예시① 「감사의 보수한도」 주총결의서

주주총회 결의로 감사의 보수를 포괄보수(급여, 상여, 퇴직금, 기타보수 등 포함)로 결정하는 「당기 감사보수결정액 주주총회 결의서」 작성을 예시하면 다음과 같다.

[주주총회의사록]

제ㅇ호 의안 : 감사의 보수한도 승인 건
의장은 당기(8기) 감사의 보수를 다음과 같이 상정하고 심의 및 결의를 요청하여, 이를 출석주주 전원이 찬성하여 승인으로 가결하다.

구분	전기(7기)	당기(8기)
감사의 수	1명	1명
보수총액 및 최고한도액	5천만 원	5천만 원

● 작성예시② 「감사의 보수한도와 개별보수의 이사회결의 위임」 주총결의서

주주총회 결의로 당기 감사의 보수한도액을 결정하고, 개별보수는 이사회결의로 정한 임원보수(급여·상여금·퇴직금·기타보수 등)규정으로 위임하는 「당기 감사의 보수결정 주주총회 결의서」 작성을 예시하면 다음과 같다.

[주주총회의사록]

제ㅇ호 의안 : 감사의 보수한도 승인 건
의장은 당기 감사의 보수한도액을 다음과 같이 상정하고, 감사의 구체적인 개별보수 지급을 이사회결의로 정한 임원보수(급여·상여·퇴직금)지급규정에 의하여 지급을 심의 및 결의를 요청하여, 이를 출석주주 전원이 찬성하여 승인으로 가결하다.

구분	전기(7기)	당기(8기)
감사의 수	1명	1명
보수총액 및 최고한도액	5천만 원	5천만 원

● 작성예시③ 「퇴직금 등 제외한 감사의 보수」 주총결의

주주총회의 결의로 감사의 보수를 포괄보수로 결정할 때 정관 및 주주총회 결의로 정한 퇴직금을 제외하는 결정하는 「당기 감사보수결정액 주주총회 결의서」 작성을 예시하면 다음과 같다.

[주주총회의사록]

제○호 의안 : 감사의 보수한도 승인 건

의장은 당기(8기) 정관 및 주주총회 결의로 정한 퇴직급여를 제외한 감사의 보수를 다음과 같이 상정하고 심의 및 결의를 요청하여, 이를 출석주주 전원이 찬성하여 승인으로 가결하다.

구분	전기(7기)	당기(8기)
감사의 수	1명	1명
보수총액 및 최고한도액	5천만 원	5천만 원

● 작성예시④ 「비상근 감사 포함 감사의 보수」 주총결의 예시

주주총회 결의로 정하는 감사의 보수에 비상근 감사의 보수를 포함하여 결정하는 「당기 감사보수결정액 주주총회 결의서」 작성을 예시하면 다음과 같다.

[주주총회의사록]

제○호 의안 : 감사의 보수 승인 건

의장은 당기 감사의 보수를 다음과 같이 상정하여 심의 및 결의를 요청하여, 이를 출석주주 전원이 찬성하여 승인으로 가결하다.

구분	전기(7기)	당기(8기)
감사(비상근 감사)의 수	1명	1명(1명)
보수총액 및 최고한도액	5,000만원	1억원

---

③ 주주총회의 집행임원 보수결정 결의서

[상법] 제408조의2 (집행임원 설치회사, 집행임원과 회사의 관계)
③ 집행임원 설치회사의 이사회는 다음의 권한을 갖는다.
6. 정관에 규정이 없거나 주주총회의 승인이 없는 경우 집행임원의 보수 결정

주총결의 집행임원 보수결정 개요

집행임원 설치회사의 집행임원은 주주총회 또는 이사회에서 선임하고 법인등기부에 등기하여야 한다. 집행임원 보수는 정관이나 이사회결의로 결정이 없는 경우 주주총회 결의로 결정한다.

집행임원 보수결정의 시기

집행임원의 보수는 매 사업연도 개시일로부터 90일 이내 또는 해당 사업기에 집행임원의 보수 등 변경이 있는 경우에 결정한다. 집행임원의 보수 결정 시기 등을 요약하면 다음과 같다.

구분	집행임원 보수결정 시기
집행임원 보수 결정	• 주기 : 매 사업기, 매 사업연도, 1년
	• 기한 : 매 사업연도 개시일로부터 90일 이내
	• 임의 : 집행임원 보수 변경이 있는 경우

집행임원 보수결정의 내용

집행임원의 보수는 결의 대상과 인원수, 계산 방법과 기간, 결정 보수와 금액 등으로 계산한다. 집행임원 보수결정 내용은 다음과 같다.

《 주총결의 집행임원 보수결정 기준 》

구분	집행임원 보수결정 내용
결정 대상	• 등기 집행임원, 비등기 집행임원
대상 인원	• 총원, 1인
계산기간	• 1년, 당기, 당해 사업연도
결정 보수	• 포괄보수, 개별보수 총액 및 최고한도액

● 집행임원 보수총액의 보고

상장회사와 일부 외부감사법인은 각 사업연도에 등기임원 모두에게 지급한 보수총액 또는 5억원 이상을 지급한 비등기임원을 포함한 개별임직원의 보수총액을 자본시장법 등에 의하여 금융감독원에 각 사업연도 경과 후 90일 이내에 사업보고서에 기재하여 제출하여야 한다.

보고 대상	임원 보수총액 보고	비고
• 상장법인 • 외부감사법인(증권소유자 500인 이상)	각 사업연도 경과 후 90일 이내	자본시장법§제159 영§168 행칙§4-3

◉ 집행임원 보수결정 주총결의서 작성방법

● 작성예시① 「집행임원의 보수한도」 주총결의서

주총결의 등기 집행임원 보수결정의 「당기 등기 집행임원 보수결정액 주주총회 결의서」 작성을 예시하면 다음과 같다.

> [주주총회의사록]
>
> 제○호 의안 : 등기 집행임원의 보수한도 승인의 건
> 의장은 당기 등기 집행임원의 보수를 다음과 같이 상정하고 심의 및 결의를 요청하여, 이를 출석주주 전원이 찬성하여 승인으로 가결하다.
>
> | 구분 | 전기(7기) | 당기(8기) |
> |---|---|---|
> | 집행임원의 수 | 3명 | 4명 |
> | 보수총액 및 최고한도액 | 3억 원 | 4억 원 |

● 작성예시② 「주식매수선택권 행사이익 제외한 집행임원의 보수한도」 주총 결의서

주총결의 등기 집행임원의 보수를 정관에 규정한 주식매수선택권 행사이익을 제외한 「당기 등기 집행임원 보수결정액 주주총회 결의서」 작성을 예

시하면 다음과 같다.

[주주총회의사록]

제ㅇ호 의안 : 등기 집행임원의 보수한도 승인 건

의장은 당기 등기 집행임원의 보수를 정관에 규정한 주식매수선택권 행사이익을 제외하고 다음과 같이 상정하고 심의 및 결의를 요청하여, 이를 출석주주 전원이 찬성하여 승인으로 가결하다.

구분	전기(7기)	당기(8기)
등기 집행임원의 수	3명	4명
보수총액 및 최고한도액	3억 원	4억 원

● 작성예시③ 「퇴직금 제외 집행임원의 보수한도」 주총결의서

주총결의 등기 집행임원의 보수를 정관에 규정하거나 정관의 위임으로 주주총회에서 결정한 퇴직금을 제외하고 「당기 집행임원 보수결정액 주주총회 결의서」 작성을 예시하면 다음과 같다.

[주주총회의사록]

제ㅇ호 의안 : 등기 집행임원의 보수한도 승인 건

의장은 당기 등기 집행임원의 보수를 정관에 규정하거나 정관의 위임으로 주주총회의 결의로 정한 퇴직금을 제외하고 다음과 같이 상정하고 심의 및 결의를 요청하여, 이를 출석주주 전원이 찬성하여 승인으로 가결하다.

구분	전기(7기)	당기(8기)
등기 집행임원의 수	3명	4명
보수총액 및 최고한도액	3억 원	4억 원

---

④ 주주총회의 비등기임원 보수결정 결의서

➡ 주주총회의 비등기임원 보수결정 개요

비등기임원의 보수 결정은 집행임원 보수 결정을 준용한다. 비등기임원의 보수는 정관에 규정이 없거나 이사회의 승인이 없는 경우 주주총회의 승인으로 결정한다.

● 비등기임원 보수결정의 시기

주주총회 결의 비등기임원의 보수는 사업기마다 또는 매년 결정함이 원칙이다. 비등기임원 보수결정 시기 등을 요약하면 다음과 같다.

구분	비등기임원 보수결정 시기 등
비등기임원 보수결정	• 주기 : 매년, 매사업기
	• 기한 : 매 사업연도 개시일로부터 90일 이내
	• 임의 : 당 사업기에 비등기임원 보수의 변경이 있을 때

● 비등기임원 보수결정의 내용

주주총회 결의 비등기임원의 보수는 결의 대상과 인원, 보수계산의 기간, 보수계산의 범위, 보수금액 등 비등기임원 보수결정 내용은 다음과 같다.

《 주총결의 비등기임원 보수결정 기준 》

구분	비등기임원 보수결정 결의내용
결의 대상	• 비등기임원
대상 인원	• 총원, 1인
계산기간	• 1년, 당기, 당해 사업연도
결정 보수	• 포괄보수, 개별보수의 총액 및 최고한도액

➡️ 주주총회의 비등기임원 보수결정 결의서 작성방법

주주총회에서 결의하는 「당기 비등기임원 보수결정액 주주총회 결의서」 작성을 예시하면 다음과 같다.

🔵 작성예시① 「비등기임원의 보수한도」 주총결의서

주총결의 비등기임원 보수의 「당기 집행임원 보수결정액 주주총회 결의서」 작성을 예시하면 다음과 같다.

[주주총회의사록]		
제○호 의안 : 비등기임원의 보수한도 승인의 건 의장은 당기(8기) 비등기임원의 보수를 다음과 같이 상정하고 심의 및 결의를 요청하여, 이를 출석주주 전원이 찬성하여 승인으로 가결하다.		
구분	전기(7기)	당기(8기)
비등기임원의 수	3명	4명
보수총액 및 최고한도액	3억 원	4억 원

🔵 작성예시② 「주식매수선택권 행사이익 제외 비등기임원의 보수한도」 주총결의서

주총결의 비등기임원의 보수를 정관에 규정한 주식매수선택권 행사이익을 제외한 「당기 비등기임원 보수결정액 주주총회 결의서」 작성을 예시하면 다음과 같다.

[주주총회의사록]		
제○호 의안 : 비등기임원의 보수한도 승인 건 의장은 당기 비등기임원의 보수를 정관에 규정한 주식매수선택권 행사이익을 제외하고 다음과 같이 상정하고 심의 및 결의를 요청하여, 이를 출석주주 전원이 찬성하여 승인으로 가결하다.		
구분	전기(7기)	당기(8기)
비등기임원의 수	3명	4명
보수총액 및 최고한도액	3억 원	4억 원

● 작성예시③ 「퇴직금을 제외한 비등기임원의 보수한도」 주총결의서

주총결의 비등기임원의 보수를 정관에 규정하거나 정관의 위임으로 주주총회에서 결정한 퇴직금을 제외하고 「당기 비등기임원 보수결정액 주주총회 결의서」 작성을 예시하면 다음과 같다.

[주주총회의사록]

제○호 의안 : 비등임원의 보수한도 승인 건

의장은 당기 비등기임원의 보수를 정관에 규정하거나 정관의 위임으로 주주총회의 결의로 정한 퇴직금을 제외하고 다음과 같이 상정하고 심의 및 결의를 요청하여, 이를 출석주주 전원이 찬성하여 승인으로 가결하다.

구분	전기(7기)	당기(8기)
비등기임원의 수	3명	4명
보수총액 및 최고한도액	3억 원	4억 원

5절　이사회의 임원보수결정 결의서

[상법] 제408조의2 (집행임원 설치회사, 집행임원과 회사의 관계)
③ 집행임원 설치회사의 이사회는 다음의 권한을 갖는다.
6. 정관에 규정이 없거나 주주총회의 승인이 없는 경우 집행임원의 보수 결정

① 집행임원 보수결정의 이사회 결의서

이사회결의 집행임원의 보수 결정은 「집행임원 보수결정 이사회결의서」를 준용한다.

이사회의 집행임원 보수결정 개요

집행임원 설치회사의 집행임원 보수는 정관에 규정이 없거나 주주총회의 승인이 없는 경우 이사회의 결의로 결정한다.

집행임원 보수결정의 시기

상장회사 집행임원의 보수는 매 사업연도 개시일로부터 90일 이내 또는 해당 사업기에 집행임원의 보수 등 변경이 있는 경우에 주주총회 또는 이사회의 결의로 결정한다. 집행임원의 보수 결정 시기 등을 요약하면 다음과 같다.

구분	집행임원 보수결정 시기 등
집행임원 보수 결정	• 주기 : 각 사업기, 각 사업연도
	• 기한 : 매 사업연도 개시일로부터 90일 이내
	• 임의 : 집행임원 보수 관련 변경이 있을 때

◉ 집행임원 보수결정의 내용

이사회결의 집행임원의 보수 결정에는 결의 대상 집행임원의 범위, 집행임원의 수, 보수계산기간, 결정할 보수의 범위, 계산 방법과 보수금액 등을 결의하여야 한다. 이사회 결의 집행임원 보수결정 내용은 다음과 같다.

《 이사회 결의 집행임원 보수결정 기준 》

구분	집행임원 보수결정 내용
결의 대상	• 등기 집행임원, 비등기 집행임원
대상 인원	• 총원, 1인
계산기간	• 1년, 당기, 각 사업연도
결정 보수	• 포괄보수, 개별보수 총액 및 최고한도액

◉ 집행임원 보수총액의 보고

상장회사와 외부감사법인 일부는 각 사업연도에 등기임원 모두에게 지급한 보수총액 또는 5억원 이상 지급한 비등기임원을 포함한 개별임직원의 보수총액은 자본시장법 등에 의하여 금융감독원에 각 사업연도 경과 후 90일 이내에 사업보고서에 기재하여 제출하여야 한다.

대상	임원보수총액 보고기한	비고
• 상장법인 • 외부감사법인(증권소유자 500인 이상)	각 사업연도 경과 후 90일 이내	자본시장법§제159 영§168 행칙§4-3

◈ 이사회의 집행임원 보수결정 결의서 작성방법

이사회결의로 결정하는 당기 집행임원의 보수 결정은 매 사업기 또는 매년 집행임원 보수결정 기준을 준수하여 결정한다. 이사회의 집행임원 보수결정 결의서 작성방법을 예시하여 다음과 같다.

● 작성예시① 「집행임원 보수한도」이사회결의서

이사회결의 집행임원의 보수의 「당기 집행임원 보수결정액 이사회결의서」 작성을 예시하면 다음과 같다.

[이사회의사록]

제○호 의안 : 집행임원의 보수한도 승인의 건
의장은 당기 등기 집행임원의 보수를 다음과 같이 상정하고 심의 및 결의를 요청하여, 이를 출석이사 전원이 찬성하여 승인으로 가결하다.

구분	전기(7기)	당기(8기)
등기 집행임원의 수	3명	4명
보수총액 및 최고한도액	3억 원	4억 원

● 작성예시② 「주식매수선택권 행사이익 제외 집행임원의 보수한도」이사회결의서

이사회결의 등기 집행임원의 보수에 정관에 규정한 주식매수선택권 행사이익을 제외한 「당기 집행임원 보수결정액 이사회결의서」 작성을 예시하면 다음과 같다.

[이사회의사록]

제○호 의안 : 집행임원의 보수한도 승인의 건
의장은 당기 집행임원의 보수를 정관 규정한 주식매수선택권 행사이익을 제외하고 다음과 같이 상정하여 심의 및 결의를 요청하여, 이를 출석이사 전원이 찬성하여 승인으로 가결하다.

구분	전기(7기)	당기(8기)
등기 집행임원의 수	3명	4명
보수총액 및 최고한도액	3억 원	4억 원

● 작성예시③ 「퇴직금 제외한 집행임원의 보수한도」 이사회결의서

이사회결의 집행임원의 보수에 정관에 규정한 퇴직금, 정관의 위임으로 주주총회 결의에 의한 퇴직금을 제외하고 「당기 집행임원 보수결정액 이사회결의서」 작성을 예시하면 다음과 같다.

[이사회의사록]

제○호 의안 : 집행임원의 보수한도 승인 건

의장은 등기 집행임원의 보수를 정관에 규정한 퇴직금 또는 정관의 위임으로 주주총회 결의로 정한 퇴직금을 제외하고 다음과 같이 상정하여 심의 및 결의를 요청하여, 이를 출석이사 전원이 찬성하여 승인으로 가결하다.

구분	전기(7기)	당기(8기)
등기 집행임원의 수	3명	4명
보수총액 및 최고한도액	3억 원	4억 원

---

❷ 비등기임원 보수결정의 이사회 결의서

비등기임원의 보수 결정은 「집행임원 보수결정의 이사회 결의서」를 준용한다.

✣ 이사회결의 비등기임원의 보수 결정 개요

비등기임원의 보수 결정은 집행임원 보수 결정을 준용한다. 비등기임원의 보수는 정관에 규정이 없거나 주주총회의 승인이 없는 경우 이사회의 결의로 결정한다.

◉ 비등기임원 보수결정의 시기

비등기임원의 보수는 사업기마다 또는 각 사업연도 개시일 이후 90일 이내에 결정한다. 비등기임원 보수결정 시기 등을 요약하면 다음과 같다.

구분	비등기임원 보수결정 시기 등
비등기임원 보수결정	• 주기 : 매 사업기, 각 사업연도, 매년 • 기한 : 매 사업연도 개시일로부터 90일 이내 • 임의 : 당 사업기에 비등기임원 보수의 변경이 있을 때

◉ 비등기임원 보수결정의 내용

비등기임원의 보수는 결의 대상과 인원, 계산기간, 보수계산 범위, 보수금액 등 비등기임원 보수결정 내용은 다음과 같다.

《 이사회결의 비등기임원 보수결정 기준 》

구분	비등기임원 보수결정 내용
결의 대상	• 비등기임원
대상 인원	• 총원, 1인
계산기간	• 1년, 당기, 당해 사업연도
결정 보수	• 포괄보수, 개별보수, 보수총액 및 최고한도액

이사회의 비등기임원 보수결정 결의서 작성방법

작성예시① 「비등기임원 보수한도」 이사회결의서

이사회의 결의로 결정하는 비등기임원 보수의 「당기 비등기임원 보수결정 이사회결의서」 작성을 예시하면 다음과 같다.

[이사회의사록]

제○호 의안 : 비등기임원의 보수한도 승인의 건

의장은 당기 비등기임원의 보수를 다음과 같이 이사회에 상정하고 심의 및 결의를 요청하여, 이를 출석이사 전원이 찬성하여 승인으로 가결하다.

구분	전기(7기)	당기(8기)
비등기임원의 수	3명	4명
보수총액 및 최고한도액	3억 원	4억 원

작성예시② 「주식매수선택권 행사이익 제외 비등기임원 보수한도」 이사회결의서

이사회의 결의로 비등기임원 보수를 정관에 규정한 주식매수선택권 행사이익을 제외하고 결정하는 「당기 비등기임원 보수결정 이사회결의서」 작성을 예시하면 다음과 같다.

[이사회의사록]

제○호 의안 : 비등기임원의 보수한도 승인의 건

의장은 당기 비등기임원의 보수를 정관에 규정한 주식매수선택권 행사이익을 제외하고 다음과 같이 이사회에 상정하고 심의 및 결의를 요청하여, 이를 출석이사 전원이 찬성하여 승인으로 가결하다.

구분	전기(7기)	당기(8기)
비등기임원의 수	3명	4명
보수총액 및 최고한도액	3억 원	4억 원

● 작성예시③ 「퇴직금을 제외한 비등기임원 보수한도」 이사회결의서

이사회의 결의로 비등기임원 보수를 정관에 규정한 퇴직금 또는 정관의 위임으로 주주총회의 결의로 결정한 퇴직금을 제외하고 결정하는 「당기 비등기임원 보수결정 이사회결의서」 작성을 예시하면 다음과 같다.

[이사회의사록]

제○호 의안 : 비등기임원의 보수한도 승인의 건

의장은 당기 비등기임원의 보수를 정관에 규정한 퇴직금, 정관의 위임으로 주주총회의 결의로 정한 퇴직금을 제외하고 다음과 같이 이사회에 상정하고 심의 및 결의를 요청하여, 이를 출석이사 전원이 찬성하여 승인으로 가결하다.

구분	전기(7기)	당기(8기)
비등기임원의 수	3명	4명
보수총액 및 최고한도액	3억 원	4억 원

2장 임원보수결정서 작성과 관리

3장

임원급여와 지급규정
작성과 관리

임원급여의 지급규정은?

왜? 임원급여 지급규정이 필요한가?
개별보수 임원급여의 결정기준은?
개별보수 임원급여의 임금기준은?
개별보수 임원급여의 급여지급기준은?
개별보수 임원급여의 손금기준은?
개별보수 임원급여 지급규정 설계·작성·제정은?

이에 관하여
「3장 임원급여와 지급규정 작성과 관리」에서 명확히 제시한다.

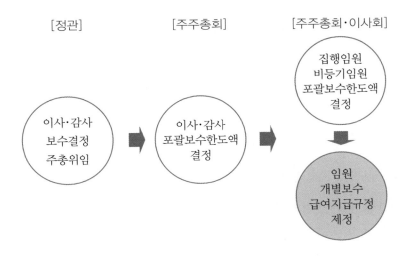

임원급여의 지급기준

① 상법상 임원급여의 결정기준

➡ 이사의 개별급여 결정

이사의 개별급여는 정관 또는 정관의 위임으로 주주총회에서 결정한 포괄보수 한도 내에서 주주총회 또는 이사회의 결의로 결정한다. 다만, 이사의 개별급여는 정관이나 주주총회결의 포괄보수의 결정 없이 이사회결의로 결정할 수 없다.

이사의 개별급여는 주주총회 또는 이사회의 결의로 정한 급여액 또는 이사의 개별급여 지급기준을 정한 "임원급여지급규정"에 의한 급여액으로 한다.

《 이사의 개별급여 결정 요건 》

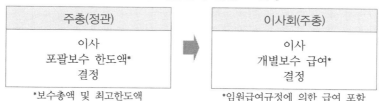

➡ 감사의 개별보수 급여의 결정

감사의 개별급여는 "이사의 개별급여 결정"을 준용한다.

《 감사의 개별급여 결정 요건 》

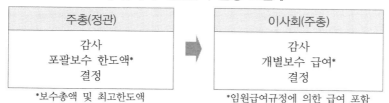

🔹 집행임원의 개별급여 결정

집행임원의 보수는 정관에 규정이 없거나 주주총회의 승인이 없는 경우 이사회에서 정한다(상법§408조의2).

집행임원의 개별급여는 이사회(또는 정관·주주총회)에서 결정한 포괄보수 한도 내에서 이사회(또는 정관·주주총회) 결의로 정한 급여액 또는 집행임원의 개별급여 지급기준을 정한 "임원급여지급규정"에 의한 급여액으로 한다.

《 집행임원 개별급여 결정 요건 》

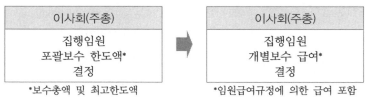

🔹 비등기임원의 개별급여 결정

비등기임원의 보수는 정관에 규정이 없거나 주주총회의 승인이 없는 경우 이사회에서 정한다.

비등기임원의 개별급여는 이사회(또는 정관·주주총회)에서 결정한 포괄보수 한도내에서 이사회(또는 정관·주주총회) 결의로 정한 급여액 또는 비등기임원의 개별급여 지급기준을 정한 "임원급여지급규정"에 의한 급여액으로 한다.

《 비등기임원 개별급여 결정 요건 》

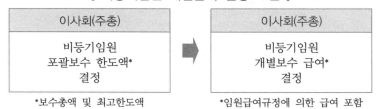

② 노동법상 임원급여의 임금기준

⟹ 임원의 보수와 임금

● 근로자 임원의 임금

① 임원이란 사용자를 말하며 "사용자"란 사업주 또는 사업경영담당자, 그 밖에 근로자에 관한 사항에 대하여 사업주를 위하여 행위하는 자이다(근기법 §2①2).

② 근로자성 임원으로 근로계약을 체결한 경우 '근로계약'은 근로자가 사용자에게 근로를 제공하고 사용자는 이에 대하여 임금을 지급하는 것을 목적으로 체결된 계약을 말한다(근기법§2①4).

③ "임금"이란 사용자가 근로의 대가로 근로자에게 임금, 봉급, 그 밖에 어떠한 명칭으로든지 지급하는 모든 금품을 말한다(근기법§2①5).

● 임원보수의 임금기준

① 원칙적으로 회사 임원의 보수는 근로기준법상 소정의 임금이 아니고 업무 집행에 따른 보수로 본다.

② 주식회사의 이사, 감사 등 임원은 법인으로부터 일정한 사무처리의 위임을 받는 것이므로, 사용자의 지휘·감독 아래 일정한 근로를 제공하고 소정의 임금을 받는 고용관계에 있는 것이 아니며, 따라서 일정한 보수를 받으면 이를 근로기준법 소정의 임금이라 할 수 없다(대법원 2003.9.26. 2002다 64681).

③ 그러나 사용자와 근로계약을 체결하고 그에 따라 종속적으로 업무의 지시를 받아 수행하는 근로자로 보는 임원의 보수는 근로기준법상의 소정의 임금에 해당하나 그 판단은 집행임원의 역할과 실질적 행위에 있다.

⮞ 최저임금의 적용 등

● 최저임금의 적용

근로자로 보는 임원 또는 근로계약을 체결한 근로자성 임원은 최저임금법 상 최저임금을 적용한다.

최저임금법은 근로자에 대한 임금의 최저수준을 보장하여 생활 안정과 노 동력의 질적 향상에 있으므로 근로자로 보는 임원의 보수도 이를 준용한다.

기본급	근로자성 임원
최저임금 적용	• 근로계약 체결의 근로자 직무 임원 • 사용종속관계의 근로자 직무 임원

● 최저임금의 예외

사용자 임원은 근로기준법 및 최저임금법의 적용 근로자가 아니다. 그러므 로 사용자 임원은 최저임금의 적용을 예외로 한다. 민법상 위임의 수임자 임 원은 특별한 약정이 없는 경우 보수를 청구할 수 없다(민법§686①). 다만, 주 주총회 또는 이사회의 결의로 정한 임원보수제규정에 의한 보수를 적용받는 수임자 임원은 민법상 특별한 약정이 있는 경우로 본다.

사용자 임원은 민법상 위임계약자로 최저임금의 적용을 받지 않는 임원이 다.

기본급	사용자 임원
최저임금 예외	• 등기임원 (이사, 감사, 집행임원) • 비등기임원 (업무집행지시자, 무권대리인, 업무집행자, 임원직무수행자 등)

근로자성 임원의 임금 지급

임금의 정기 지급

근로자성 임원에게는 근로기준법에서 임금의 지급기준을 적용한다.

사용자는 근로자에게 근로기준법에서 정한 임금을 매월 1회 이상 일정한 날짜를 정하여 지급하여야 한다. 다만, 임시로 지급하는 임금, 수당, 그 밖에 이에 준하는 것 또는 근로기준법 시행령으로 정하는 임금에 대하여는 그러하지 아니하다(근로기준법 제43조②).

임금의 통화 지급

근로자성 임원에게 지급하는 보수는 근로자 임금의 통화 지급을 적용한다.

근로자의 임금은 통화(通貨)로 직접 근로자에게 그 전액을 지급하여야 한다. 다만, 법령 또는 단체협약에 특별한 규정이 있는 경우에는 임금의 일부를 공제하거나 통화 이외의 것으로 지급할 수 있다(근로기준법 제43조①).

초과근무수당의 지급

근로자성 임원에게는 근로기준법에서 정한 시간외근무수당을 지급하여야 한다. 사용자 임원은 근로기준법 적용을 예외로 한다.

구분	초과근무수당
근로자성 임원	• 연장근로수당 적용 • 야간근로수당 적용 • 휴일근로수당 적용
사용자 임원	• 시간외수당 적용 예외

그러나 임원의 정규근무 시간 외 근무에 대하여 시간외근무수당을 임원급여규정 등에 규정하여 수당을 지급할 수 있다.

참고 근로기준법 제56조(연장·야간 및 휴일 근로)

① 사용자는 연장근로(제53조·제59조 및 제69조 단서에 따라 연장된 시간의 근로를 말한다)에 대하여는 통상임금의 100분의 50 이상을 가산하여 근로자에게 지급하여야 한다. 〈개정 2018.3.20.〉

② 제1항에도 불구하고 사용자는 휴일근로에 대하여는 다음 각호의 기준에 따른 금액 이상을 가산하여 근로자에게 지급하여야 한다. 〈신설 2018.3.20.〉

  1. 8시간 이내의 휴일근로: 통상임금의 100분의 50

  2. 8시간을 초과한 휴일근로: 통상임금의 100분의 100

③ 사용자는 야간근로(오후 10시부터 다음 날 오전 6시 사이의 근로를 말한다)에 대하여는 통상임금의 100분의 50 이상을 가산하여 근로자에게 지급하여야 한다. 〈신설 2018.3.20.〉

❸ 세법상 임원급여의 지급기준

❸ 임원급여의 급여지급기준

법인 임원에게 지급하는 급여는 정관·주주총회·사원총회 또는 이사회의 결의에 의하여 결정된 급여지급기준에 의하여 지급하는 금액으로 소득세법상 근로소득에 의한 급료이어야 한다.

구분	임원급여 지급기준
임원의 급여	• 정관·주주총회 또는 이사회의 결의로 정한 급여지급기준에 의한 금액

❖ 관련 법률

- 이사의 보수 (상법§388)
- 감사의 보수 (상법§415)
- 집행임원의 보수 (상법§408조의2③;6)

◉ 이사의 급여 지급기준

세법상 이사의 급여 급여지급기준은 정관 또는 주주총회에서 포괄보수 최고한도액을 정한 경우 그 포괄보수 한도액에서 주주총회 또는 이사회의 결의로 정한 개별급여 또는 주주총회 또는 이사회의 결의로 지급기준을 정한 임원급여지급규정에 의한 개별급여이다.

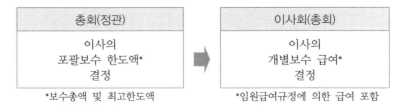

● 감사의 급여 지급기준

세법상 감사의 급여 지급기준은 이사의 급여 지급기준을 준용한다.

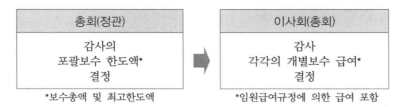

● 집행임원의 급여 지급기준

세법상 집행위원 급여 지급기준은 정관·주주총회의 또는 이사회의 결의로 포괄보수 최고한도액을 정한 경우 그 포괄보수 한도액에서 주주총회 또는 이사회의 결의로 정한 개별보수 급여 또는 주주총회 또는 이사회의 결의로 개별보수 임원급여의 지급기준을 정한 「임원급여지급규정」에 의한 개별급여 이다.

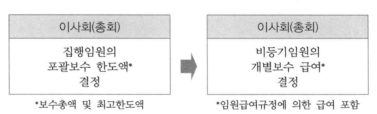

● 비등기임원의 급여 지급기준

비등기임원의 급여 지급기준은 집행임원의 급여 지급기준을 준용한다.

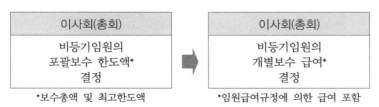

임원급여의 손금산입

인건비

법인이 임원에게 인건비로 지급하는 금액은 손비의 범위에 포함한다. (법 §19①, 법영§19:3)

비상근 감사의 보수

상근이 아닌 법인의 임원에게 지급하는 보수는 법인세법상 부당행위계산 부인(법§52) 규정에 해당하는 경우를 제외하고 이를 손금에 산입한다. (법영 §43④)

해산의 퇴직위로금 등

법인의 해산에 의하여 퇴직하는 임원 또는 직원에게 지급하는 해산수당 또는 퇴직위로금 등은 최종사업연도의 손금으로 한다. (법영§43⑤)

임원급여의 손금불산입

급여지급기준 초과 급여

정관·주주총회 또는 이사회의 결의에 의하여 결정된 급여지급기준에 의하여 지급하는 금액을 초과하여 지급한 경우 그 초과금액은 이를 손금에 산입하지 아니한다. (법영§43조②)

동일직위 초과 급여

법인이 지배주주 등(특수관계에 있는 자를 포함한다)인 임원에게 정당한 사유없이 동일직위에 있는 지배주주 등 외의 임원에게 지급하는 금액을 초과하여 보수를 지급한 경우 그 초과금액은 이를 손금에 산입하지 아니한다. (법영§43③)

비상근 임원의 급여

상근이 아닌 법인의 임원에게 지급하는 보수는 법인세법상 부당행위계산부인(법§52) 규정에 해당하는 경우를 제외하고 이를 손금에 산입한다.(법영 §43④)

◉ 임원의 과다 급여

과다하거나 부당하다고 인정하는 금액의 인건비로 내국법인의 각 사업연도의 소득금액을 계산할 때 손금에 산입하지 아니한다. (법§26:1)

◉ 해산의 퇴직위로금

법인의 해산에 의하여 퇴직하는 임원 또는 직원에게 지급하는 해산수당 또는 퇴직위로금 등은 최종사업연도의 손금으로 한다. (법영§43⑤)

❖ 관련 법률
- 인건비 (법인세법 제19조 제26조, 영 제19조제3호, 제4조2항)
- 손금범위 (법인세법 제43조 제3항 제4항, 제5항)
- 근로소득 (소득세법 제20조제1항)
- 근로소득의 범위 (소득세법 시행령 제38조제1항)

2절 　임원급여 지급의 유의사항

1 지배주주 임원 등 과다보수

◈ 과다보수의 정관이나 내부규정의 효력

- (행법 2012구합29240, 2013.3.15)

　법인이 정관이나 내부규정에 따른 정당한 내부절차를 거쳤는지 아닌지에 상관없이 지배주주 등인 임원에게 동일직위에 있는 임원에게 지급하는 금액을 초과하는 보수를 지급함으로써 법인의 조세 부담을 부당하게 경감시키거나 회피하는 행위를 규제하려는 것이므로 "정관이나 내부규정에 따른 정당한 내부절차를 거친 이상 정당한 인건비에 해당한다"는 주장은 이유 없다고 판결하였다.

◈ 지배주주 임원의 동일직위 여부

- (법인 46012-1526, 1999.4.23)

　법인세법 시행령 제43조 제3항의 규정에 의하여 지배주주인 임원 또는 사용인에게 정당한 사유 없이 동일직위에 있는 지배주주 등 외의 임원 또는 사용인에게 지급하는 금액을 초과하여 보수를 지급한 경우 그 초과 금액을 손금불산입함에 있어, 동일직위 여부는 법인등기부상 직위 등에 관계없이 실제 종사하는 사실상의 직무를 기준으로 판단하는 것임.

② 비상근 임원급여의 손금부인 사례

◈ 비상근 임원의 보수지급

- (조심 2009부0241, 2009.06.11)

특수관계인을 이사회의사록에 비등기이사로 임명한 것으로 기재하고 실제로는 근무하지 않은 비상근 임원에게 동일직위 임원과 같은 급여를 지급하였다면, 이는 근로의 대가로 지급한 인건비가 아니므로 부당행위계산으로 판단하여 손금부인으로 지급액 전액에 대하여 세금추징이 타당하다고 판단한 판례이다.

◈ 비상근 임원의 근무 여부

- (제주지방법원 2009구합670-2010.2.3, 조심 2009부0241-2009.06.11.)

법원은 원고의 이사A 감사B가 사실상 회사에 상시출근하지 않는 임원으로 피고가 이 사건 급여를 원고의 이익을 부당히 분여한 경우에 해당한다고 보아 부당행위계산부인규정에 의하여 손금부인하고, 원고에 대하여 법인세를 각 부과한 이 사건 부과처분에 어떠한 위법이 있다고 볼 수는 없다고 판결하였다.

③ 임시주총에서 인상한 특정 임원의 급여

- (서면2팀-1089, 2005.7.14)

임시주주총회에서 특정 임원에 대하여 급여 등을 인상하는 경우 세법상 손금으로 인정받을 수 있는지에 대하여 법인이 주주총회에서 임원의 급여를 정당하게 인상한 금액은 손금에 산입하나, 법인세법 제43조의 급여지급기준을 초과하는 금액은 손금불산입 대상이다.

다만, 임시주주총회에서 특정 임원의 급여만 인상하고 일반 임원의 급여는 동결한 채 결의하고 지급한 경우 이는 특정 임원의 급여를 부당하게 지급하기 위한 부당행위로 볼 수 있다.

또한, 퇴직을 앞둔 특정 임원의 급여를 상당폭으로 인상하여 퇴직 시 퇴직금액을 지급한 경우 인상분의 급여와 부풀린 퇴직금은 부당행위에 해당하여 손금불산입 대상이 될 수 있다.

④ 1인 주주 회사로 임원보수의 주총결의서 여부

- (서울행정법원 2015구합70676-2016.4.21, 조심 2014서1536-2015.5.11)

1인 지배주주 회사로 임원의 보수 및 급여의 주주총회의사록의 결여로 수년에 걸쳐 임원에게 지급한 상당 금액이 손금불산입으로 판결한 사례다.

판결 요지

법인이 임원에게 지급하는 급여가 정관 및 주주총회, 이사회결의로 결정된 급여지급기준에 의하여 지급하는 금액을 초과하여 지급한 경우 그 초과 금액은 이를 손금에 산입하지 아니한다.

원고의 정관에 임원의 보수는 주주총회 결의에 의하도록 규정된 사실이 인정되므로 공동대표이사A 등 임원이 원고로부터 구 법인세법 시행령 제43조 제2항 소정의 '급여지급기준'에 의하여 이 사건 보수를 지급받기 위해서는 주주총회 결의가 있어야 한다.

그리고 주식회사에 있어서 1인 회사의 경우 그 주주가 유일한 주주로서 주주총회에 출석하면 전원총회로서 성립하고 그 주주의 의사대로 결의가 될 것임이 명백하므로 따로 총회소집 절차가 필요 없고, 실제로 총회를 개최한 사실이 없더라도 1인 주주에 의하여 의결이 있었던 것으로 주주총회의사록이 작성되었다면 그 내용의 결의가 있었던 것으로 볼 여지가 있지만,

주주총회의사록조차 작성되지 아니한 경우에는 다른 증거가 없는 한 주주총회 결의가 있었던 것으로 볼 수 없다.

❺ 관계회사의 대표이사를 겸직하는 임원의 급여

- (서면2팀-1921, 2005.11.28)

(갑)회사의 임원이 특수관계에 있는 (을)법인의 대표이사를 겸직하고 있는 경우에 양사에서 각각 지급한 급여가 양사에서 각각 손금으로 산입할 수 있는지에 대하여 임원의 인건비 처리방법은 업무와 관련하여 노무를 제공한 경우에는 급여인 인건비로써 손금산입 대상이다.

(갑)법인과 (을)법인에 기여하는 업무량의 정도 등에 따라 양사에서 급여 및 퇴직금의 지급규정, 용역계약서의 약정내용, 재직기간 등에 의하여 합리적으로 배분된 금액을 법인의 각 사업연도 소득금액 계산에 손금에 산입할 수 있다.

❻ 이사의 급여가 대표이사 급여를 초과하는 경우

- (수원지법 2012구합8336-2012.11.28., 조심 2012중0499-2012.3.27.)

원고인 법인의 이사가 원고의 경영 전반의 정책 결정과 업무집행에 직간접적으로 참여하였다는 등의 기여도를 고려하더라도 원고가 지급한 보수는 이사의 직무수행에 대하여 합리적인 대가관계가 인정되는 금액이라고 보기는 어려우므로 원고가 이사에게 대표이사의 보수액을 초과하여 이 사건 급여액을 지급한 데에는 정당한 사유를 인정하기는 어렵다고 판단하여 그 초과액은 손금불산입한 것이 타당하다고 판결한 건이다.

❼ 감사의 급여가 대표이사 급여를 초과하는 경우

- (대전지방법원 2015구합104946, 2016.6.30.)

법인의 쟁점임원(지배주주인 감사)의 급여가 명예회장(C), 부사장(D), 상무(E), 재무이사(F) 등 비교대상 임원의 급여를 초과 지급한 급여에 대하여 개별적, 구체적 급여 지급기준이 전혀 정해져 있지 않고, 성과를 평가할 방법도 전혀 확인할 수 없으며 다른 임원들보다 뚜렷한 공로가 있다고 볼 만한 자료가 없어, 세무당국이 비교 대상 임원급여의 평균액을 초과하는 금액은 손금불산입 처분한 건이다.

3절　월급제 임원급여규정 작성과 예시

① 월급제 임원급여규정의 작성 개요

▶ 월급제 개요

임원이 월급제 급여는 1개월을 단위로 급여를 산정하여 매월 지급하는 급여제도이다. 일반적으로 월정급여로 산정하여 매월 지급하는 형태이다.

월급제 급여는 고정급제와 변동급제 등으로 산정 방법과 지급 대상 등을 정하여 지급하여야 한다.

● 고정급 월급제

고정급 월급제는 결근이나 근무 일수와 시간 등에 상관없이 매월 고정급으로 지급하는 월급제이다. 일반적으로 비상근 임원 등에게 적용한다.

- 고정급 : 1개월간 고정급 월급을 매월 지급
- 대상 : 비상근 임원(사외이사, 비상근 감사, 업무집행지시자 등)

● 변동급 월급제

변동급 월급제는 근무 일수와 시간 등을 산정하여 매월 변동급으로 지급하는 월급제이다. 일반적으로 상근하는 임원에게 적용한다.

- 변동급 월급 : 1개월간 변동급 월급을 매월 지급
- 대상 : 상근 임원(대표이사, 사장, 부사장, 전무, 상무 상근감사, 집행임원, 비등기임원)

▶ 월급제 임원급여의 계산

임원의 월급제 급여는 매월 초일부터 말일까지 1개월간의 급여로 계산한다. 연간급여는 월급을 1개월에 1회씩 12회 지급하는 급여로 한다.

- 월급 산정 : 1개월
- 연간급여 산정 : 월급 × 12

월급제 임원급여의 구성

이사 등 임원의 월급제

이사와 감사의 월급제 임원급여의 경우 기본급과 상여금 등으로 구성한다. 월급제 차등 급여는 직위급, 직책급 등으로 기본급의 기본적 차등 지급기준을 정하고 상여금 등의 추가적 지급기준을 두어 구성한다.

- 기본급 : 직위급, 직책급 등
- 상여금 : 급여성 정기상여금
- 제 수당 : 직책수당

근로자성 임원의 월급제

비등기 집행임원 및 근로자성 임원의 경우 기본급과 상여금, 제 수당으로 구성한다. 월급제 차등 급여는 직책급, 직무급 등으로 기본급의 기본적 차등 지급기준을 정하고 상여금과 제 수당 등의 추가적 차등 지급기준을 두어 구성한다.

근로자성 임원의 월급제 급여는 최저임금 이상의 급여로 하여야 한다.

- 기본급 : 직위급, 직책급, 직무급 등
- 상여금 : 급여성 정기상여금
- 제 수당 : 직책수당, 자격수당, 판매수당, 생산수당, 시간외근무수당

② 월급제 임원급여규정의 작성 방법

● 작성 항목

임원 월급제 임원급여규정의 작성 항목은 임원급여의 결정과 계산, 급여의 산정·지급 및 승급(昇給)에 관한 사항 등으로 구성한다.

- 제정일, 규정 목적
- 적용 범위 및 지급 대상
- 급여의 구성, 산정기간
- 급여액, 차등 지급기준
- 지급요건, 지급방법, 지급제한
- 지급시기, 시행일

● 통칙

월급제 임원급여규정에 모두 적용하는 사항을 규정한다.

● 제정일의 규정

지급규정의 제정 및 개정일 등을 규정한다.

- (제정 : 2019. 1. 20.)
- (개정 : 2023. 2. 20.)

● 규정의 목적

지급규정의 목적을 규정한다.

- 규정 제정의 회사명
- 규정 적용의 임원
- 규정 내용의 임원급여

● 적용의 범위 등

지급규정의 적용 범위와 대상을 규정한다.

- 등기이사, 등기감사
- 등기 집행임원
- 비등기임원

● 용어의 정의

지급규정의 용어를 정의한다.

- 임원의 범위
- 급여의 구분
- 계산기간 등

● 본칙

월급제 임원급여의 결정·계산·지급방법, 급여의 산정기간·지급시기 및 승급(昇給)에 관한 사항 등을 규정한다.

● 월급제 임원급여의 구성

월급제 임원급여의 구성을 규정한다.

- 기본급
- 상여금
- 제 수당
- 기타 보수

● 임원급여의 금액 등

월급제 임원급여의 지급액을 규정한다.

- 기본급 : 월 400만 원
- 직책수당 : 50만원
- 상여금 : 임원상여금규정에 의한 상여금액

◎ 지급시기 등

월급제 임원급여의 지급시기을 규정한다.

- 기본급 : 월정 기본급을 매월 말일에 지급한다.
- 직책수당 : 월정 기본급 지급일
- 상여금 : 임원상여금규정에 의한 지급일

◎ 보칙

본칙 규정 외 추가적 사항을 규정한다.

◎ 지급규정의 개정 등

월급제 임원급여규정의 개정 및 폐지는 주주총회 및 이사회의 결의로 한다.

◎ 부칙

◎ 시행일

월급제 임원급여규정의 시행일을 규정한다.

- 이 규정은 2023년 1월 1일부터 시행한다.

◎ 경과규정

월급제 임원급여규정의 소급 적용 및 경과규정을 규정한다.

- 이 규정은 2023년 7월 1일부터 시행한다.

❸ 월급제 임원급여규정의 작성예시

➡️ 지급규정의 체계

월급제 임원급여지급규정의 구성 체계는 다음과 같다.

《 월급제 임원급여규정 구성 체계 》

(총칙)	통칙 (총칙)	목적
		적용 범위
		정의

⇩

	본칙	월급제 구성
		월급제 급여 계산
		직위별 월급 책정

⇩

| | 보칙 | 규정의 개폐 |

⇩

부칙	시행일 / 경과규정
별표	별표
서식	서식

월급제 임원급여지급규정

(제정 20 . .)

〈총칙〉

제1조(목적)

이 규정은 ○○주식회사(이하 "회사"라 한다) 임원의 개별급여 계산방법과 지급에 관한 기준 및 금액을 정함을 목적으로 한다.

제2조(적용범위)

이 규정은 회사의 임원에게 적용한다.

> 이 규정은 회사에 재임하는 이사와 감사에게 적용한다.

제3조(임원의 정의)

이 규정 및 제2조의 임원이란 다음 각호의 임원을 말한다.

1. 대표이사, 사내이사, 사외이사, 감사

2. 사장, 부사장, 전무, 상무, 상무보

3. 본부장

4. 기술연구소 소장

제4조(급여의 구성)

임원의 급여는 다음과 같이 구성한다.

1. 기본급

2. 제 수당

제5조(기본급의 계산)

① 기본급의 근무기간은 매월 초일부터 말일까지 1개월의 근속기간으로 계산한다.

② 기본급의 근무시간은 일 8시간, 주 40시간, 월 209시간으로 계산한다.

제6조(이사의 기본급)

대표이사 사장 등 직위별 기본급은 다음과 같다.

대상	기본급	
	년	월
대표이사 사장	10,800만원	900만원
부사장	8,400만원	700만원
전무	7,200만원	600만원
상무	6,000만원	500만원

제7조(감사의 기본급)

비상근 감사의 기본급은 다음과 같다.

대상	기본급	
	년	월
비상근 감사	1,440만원	120만원

제8조(본부장 등 기본급)

본부장의 기본급은 다음과 같다.

대상	기본급	
	년	월
생산본부장	5,400만원	450만원
영업본부장	5,400만원	450만원
관리본부장	5,400만원	450만원
기술연구소장	7,200만원	600만원

제9조(직책수당의 지급)

임원에게 직책수당을 매월 다음같이 지급한다.

대상	(월) 직책수당

사장	150만원
전무	100만원
상무	80만원
본부장	60만원
기술연구소장	60만원

제10조(시간외수당의 지급)

근로자성 임원에게는 시간외근무에 대하여 기본급을 환산한 시급의 50%를 시간외근무수당으로 지급한다.

제11조(복리후생 수당의 지급)

임원에게 복리후생 수당을 매월 다음과 같이 지급한다.

대상	복리후생수당	
	교통비	식대
사장, 전무, 상무	월 50만원	30만원
본부장, 기술연구소장	월 30만원	월 20만원

제12조(급여의 지급)

기본급 및 제 수당은 매월 ○○일에 지급한다.

제13조(지급의 제한)

① 기본급은 근무하지 않은 날 및 시간은 지급하지 아니한다.
② 시간외근무수당은 이사와 감사에게는 지급하지 아니한다.

제14조(급여의 계약)

① 임원급여계약은 이 규정을 준수하여 체결한다.
② 임원급여계약의 내용이 이 규정과 다른 경우 이 규정의 내용을 우선 적용한다.

제15조 (규정의 개폐)

이 규정의 개정 및 폐지는 이사회의 결의로 한다.

이 규정의 개정 및 폐지는 주주총회의 결의로 한다.

〈부칙〉

제1조(시행일)

이 규정은 202○년 ○○월 ○○일부터 시행한다.

① 호봉제 임원급여규정의 작성 개요

➡️ 호봉제 급여의 개요

호봉제 임원급여는 근속연수 및 근속연수를 기준의 호봉을 정하여 급여를 지급하는 급여제도이다. 또한, 호봉제는 승급을 1년마다 시행하므로 급여의 안정성이 장점이다.

- 호봉의 계산 : 근속기간 1년
- 급여의 차등기준 : 근속기간

호봉제 임원급여는 기본급을 호봉으로 정하고, 승급은 1년으로 단위를 정할 수 있다. 호봉의 기본급은 월급 또는 연봉으로 정할 수 있으며, 급여의 구성은 기본급과 상여금, 제 수당 등으로 정할 수 있다.

- 기본급 : 호봉제 기본급여
- 정기상여금 : 지급대상 기간의 상여금
- 제 수당 : 법정수당 및 추가적 보상설계

➡️ 호봉제 급여의 특징

호봉제 임원급여의 계산기간은 1년을 단위로 한다. 호봉제의 적용은 신규임용일부터 1년간 등으로 1호봉의 적용 및 해당 호봉의 적용시기를 정할 수 있다. 일반적으로 신규 임원은 연도 중 신규임용일부터 12월 말일까지 1호봉 또는 책정호봉으로 정하여 시행한다.

- 1호봉 등 : 신규임용일부터 1년이 되는 날까지
- 신규 호봉 등 : 신규 호봉부터 12월 말일까지
- 책정호봉 등 : 1월 1일부터 12월 말일까지

호봉제의 설계

년차별 호봉제

근속기간 1년을 단위로 각각 호봉의 금액을 정하여 근속기간 1년에서 20년 또는 그 이상의 근속기간으로 호봉제를 설계하여 시행할 수 있다.

《 호봉제 임원급여 》

(단위, 만원)

호봉	월봉	호봉	월봉	호봉	월봉	호봉	월봉
1	4,000	6	5,500	11	7,000	16	8,500
2	4,300	7	5,800	12	7,300	17	8,800
3	4,600	8	6,100	13	7,600	18	9,100
4	4,900	9	6,400	14	7,900	19	9,400
5	5,200	10	6,700	15	8,200	20	9,700

직위별 호봉제

근속기간 1년을 단위로 직위별 호봉을 정하여 직위별 근속기간 1년에서 5년 또는 그 이상의 직위별 근속기간으로 호봉제를 설계하여 시행할 수 있다.

《 직위별 호봉제 임원급여 》

(단위, 만원)

호봉	사장	전무	상무	본부장	비상근 감사
1	7,000	6,000	5,000	4,000	2,000
2	7,500	6,300	5,300	4,300	-
3	8,000	6,600	5,600	4,600	-
4	8,500	6,900	5,900	4,900	-
5	9,000	7,200	6,200	5,200	-

● 제 수당

호봉제 임원급여제도를 운용하는 기업은 호봉제의 단정을 보완하기 위하여 직책수당 등 제 수당제도를 운용할 수 있다.

- 직책수당
- 복리후생수당
- 기타 수당 등

● 정기상여금

호봉제 임원급여제도에서 임원의 성과에 대한 추가적 보상을 정기상여금제도를 운용하여 호봉제 임원급여제도를 보완하여 시행할 수 있다.

- 격월제(2개월) 정기상여금
- 분기제(3개월) 정기상여금

② 호봉제 임원급여규정의 작성 방법

작성 항목

임원 호봉제 임원급여규정의 작성 항목은 임원급여의 결정과 계산, 급여의 산정·지급 및 승급(昇給)에 관한 사항 등으로 구성한다.

- 제정일, 규정 목적
- 적용 범위 및 지급 대상
- 용어의 정의
- 호봉의 구성, 산정기간
- 급여액, 차등 지급기준
- 지급요건, 지급방법, 지급제한
- 지급시기, 시행일

통칙

호봉제 임원급여규정에 모두 적용하는 사항을 규정한다.

제정일의 규정

호봉제 임원급여규정의 제정 및 개정일 등을 규정한다.

- (제정 : 2019. 1. 20.)
- (개정 : 2023. 2. 20.)

규정의 목적

호봉제 임원급여규정의 목적을 규정한다.

- 규정 제정의 회사명
- 규정 적용의 임원
- 규정 적용의 급여

◉ 적용의 범위 등

호봉제 임원급여규정의 적용 범위와 대상을 규정한다.

- 등기이사, 등기감사
- 등기 집행임원
- 비등기임원

◉ 용어의 정의

호봉제 임원급여규정의 용어를 정의한다.

- 임원의 범위
- 호봉의 정의
- 호봉의 계산 등

◉ 본칙

임원의 호봉제 급여의 결정·계산·지급방법, 급여의 산정기간·지급시기 및 승급(昇給)에 관한 사항 등을 규정한다.

◉ 임원급여의 종류

임원급여의 종류를 규정한다.

- 기본급
- 상여금
- 제 수당
- 기타보수

◉ 임원급여의 금액 등

호봉제 임원급여의 지급액을 규정한다.

- 기본급 : 월 400만 원
- 직책수당 : 월 50만원

- 상여금 : 임원상여금규정에 의한 상여금액

지급시기 등

호봉제 임원급여의 지급시기을 규정한다.
- 월정 기본급 : 매월 말일
- 직책수당 : 월정 기본급 지급일
- 상여금 : 임원상여금규정에 의한 지급일

보칙

본칙 규정 외 추가적 사항을 규정한다.

지급규정의 개정 등

호봉제 임원급여규정의 개정 및 폐지는 주주총회 및 이사회의 결의로 한다.

부칙

시행일

호봉제 임원급여규정의 시행일을 규정한다.
- 이 규정은 2023년 1월 1일부터 시행한다.

경과규정

호봉제 임원급여규정의 소급 적용 및 경과규정을 규정한다.
- 이 규정은 2023년 7월 1일부터 시행한다.

❸ 호봉제 임원급여규정의 작성예시

⟹ 호봉제 임원급여규정의 구성 체계

호봉제 임원급여규정의 구성 체계는 다음과 같다.

《 호봉제 임원급여규정 구성 체계 》

(총칙)	통칙 (총칙)	목적
		적용범위
		정의

⇩

	본칙	급여 구성/계산
		직위별 호봉
		지급 / 제한

⇩

보칙	규정의 개폐

⇩

부칙	시행일 / 경과규정
별표	호봉표
서식	급여계약서

호봉제 임원급여지급규정

(제정 202 . .)

〈총 칙〉

제1조(목적)

이 규정은 ○○주식회사(이하 "회사"라 한다) 임원의 급여에 관한 지급기준과 금액의 정함을 목적으로 한다.

제2조(적용대상)

이 규정은 회사에 재임하는 임원에게 적용한다.

> 이 규정은 회사에 재임하는 이사와 감사에게 적용한다.

제3조(용어의 정의)

① 이 규정 및 제2조의 임원이란 다음 각호의 임원을 말한다.

  1. 대표이사, 사내이사, 사외이사, 감사의 등기임원

  2. 회장, 사장, 부사장, 전무, 상무, 상무보

  3. 본부장

  4. 기술연구소장

  5. 제2호에서 제4호까지 임원직무에 종사하는 비등기임원

② 호봉이란 기본급 호봉표의 각호의 봉급을 말한다.

제4조(급여의 구성)

임원의 급여는 다음과 같이 구성한다.

  1. 기본급

  2. 상여금

  3. 제 수당

제5조(기본급의 계산)

① 기본급은 주 40시간씩 월 209시간의 근무시간으로 한다.

② 기본급은 매월 초일부터 말일까지 1개월간 근속기간으로 한다.

제6조(이사의 기본급)

다음의 임원에게 1개월간 기본급을 별표1 임원기본급호봉을 다음과 같이 적용한다.

대상	기본급
대표이사 사장	10호봉 급여
사내이사 전무	7호봉 급여
사내이사 상무	6호봉 급여

제7조(감사의 기본급)

비상근 감사의 1개월간 기본급을 별표1 임원기본급호봉을 다음과 같이 적용한다.

대상	기본급
비상근 감사	1호봉의 3분의 1 급여

제8조(본부장 등 기본급)

본부장 등 다음의 임원에게 기본급을 별표1 임원기본급호봉을 다음과 같이 적용한다.

대상	기본급
생산본부장	별표1 임원기본급 호봉표 적용
영업본부장	
관리본부장	
기술연구소장	

제9조(임원의 직책수당)

임원의 직책수당은 다음과 같이 지급한다.

대상	직책수당(월)
사장	100만 원
전무, 상무	80만 원
본부장, 기술연구소장	60만 원

제10조(임원의 상여금)

임원의 상여금은 임원상여금지급규정에 의하여 지급한다.

제11조(초과근무수당의 지급)

근로자성 임원에게는 시간외근무시간에 대하여 기본급을 환산한 시급의 50%를 가산하여 초과근무수당으로 계산한다.

제12조(급여 등 지급)

① 임원의 기본급은 매월 ○○일에 지급한다.

② 임원상여금은 임원상여금지급규정에 의한 지급일에 지급한다.

③ 초과근무수당은 매월 기본급의 지급일에 지급한다.

제13조(지급의 제한)

① 기본급과 상여금은 근무하지 않은 날은 일할계산하여 지급하지 아니한다.

② 시간외근무수당은 이사와 감사에게는 지급하지 아니한다.

제14조 (급여의 계약)

① 임원급여계약은 이 규정을 준수하여 체결한다.

② 임원급여계약 내용이 이 규정과 다른 경우 이 규정의 내용을 우선하여 적용한다.

제15조 (규정의 개폐)

이 규정의 개정 및 폐지는 이사회의 결의로 한다.

> 이 규정의 개정 및 폐지는 주주총회의 결의로 한다.

<h3 align="center">〈부 칙〉</h3>

제1조(시행일)

이 규정은 202 년 1월 1일부터 시행한다.

<h3 align="center">〈별 표〉</h3>

(별표1) 임원의 기본급 호봉표

<h3 align="center">《 임원의 기본급 호봉표 》</h3>

(단위: 만원)

재임연수	기본급	
호봉	월봉	연봉
1	600	7,200
2	640	7,680
3	680	8,160
4	720	8,640
5	760	9,120
6	800	9,600
7	840	10,080
8	880	10,560
9	920	11,040
10	960	11,520
11	1,000	12,000
12	1,040	12,480
13	1,080	12,960
14	1,120	13,440
15	1,160	13,920
16	1,200	14,400
17	1,240	14,880
18	1,280	15,360
19	1,320	15,840
20	1,360	16,320

5절   포괄연봉제 임원급여규정 작성과 예시

❶ 포괄연봉제 임원급여규정의 작성 개요

➡ 연봉제의 개요

일반적으로 「고정 월급 × 12개월」은 연급제로 1년을 단위로 급료를 계산하는 고정급 급여제도이다.

기존의 월급제 및 호봉제 등에서 일반연봉제로 급여제도를 전환할 때 급격한 급여의 증감을 줄이기 위하여 연간고정급 기본연봉과 연간변동급 상여연봉 등으로 설계하여 초기에 도입하는 연봉제로 시행할 수 있다.

연간변동급 상여연봉은 연간발생수당 및 재직기준 정기상여금 등을 변동급으로 설계할 수 있다.

- 일반연봉제 : 기본연봉(연간고정급) + 상여연봉(연간변동급)
- 포괄연봉제 : 기본연봉(연간고정급) + 상여연봉(연간고정급)
- 성과연봉제 : 기본연봉(연간고정급) + 성과연봉(연간성과급)

➡ 연봉의 산정기간

임원의 기본연봉과 상여연봉의 산정기간은 12월 말 결산법인의 경우 매년 1월 1일부터 12월 31일까지 1년간으로 계산한다. 다만, 법인의 회계연도(각 사업연도) 및 결산기를 기준으로 다음과 같이 계산기간을 정할 수 있다.

구분	연봉계산기간
12월 말 결산법인	1월부터 12월까지
3월 말 결산법인	당해 4월부터 다음 해 3월까지
6월 말 결산법인	당해 7월부터 다음 해 6월까지

포괄연봉의 구성

포괄연봉은 기본연봉과 상여연봉으로 구성한다. 기본연봉은 월봉의 12개월 분으로 계산하고, 고정근무수당 등 제 수당을 상여연봉으로 설계한다.

1. 기본연봉
2. 상여연봉

기본연봉 : 고정급

연봉제는 일반적으로 임직원의 생활 안정을 위하여 연간고정적으로 지급하는 기본급을 기본연봉으로 계산하여 지급한다.

- 연간 기본급
- 연간 직책수당

상여연봉 : 고정급 및 변동급

임원의 상여연봉은 재직기준 지급 연간 정기상여금 또는 연간 발생 제 수당 등으로 계산하여 설계할 수 있다.

- 고정급 상여연봉 : 고정근무수당 등
- 변동급 상여연봉 : 시간외근무수당 등

❷ 포괄연봉제 임원급여규정의 작성 방법

➡ 작성 항목

포괄연봉제 임원급여규정의 작성 항목은 임원급여의 결정과 계산, 급여의 산정·지급 및 승급(昇給)에 관한 사항 등으로 구성한다.

- 제정 및 개정 일자, 규정 목적
- 적용 범위 및 지급 대상
- 용어의 정의
- 연봉구성, 산정기간
- 기본연봉, 상여연봉 등 급여액
- 지급요건, 지급방법, 지급제한
- 지급시기
- 시행일, 경과규정

➡ 통칙

포괄연봉제 임원급여규정에 모두 적용하는 사항을 규정한다.

◉ 제정일 등 규정

지급규정의 제정 및 개정일 등을 규정한다.

- (제정 : 2019. 1. 20.)
- (개정 : 2023. 2. 20.)

◉ 규정의 목적

지급규정의 목적을 규정한다.

- 규정 적용의 회사명
- 규정 적용의 대상
- 규정 내용의 임원급여

⬤ 적용의 범위 등

지급규정의 적용 범위와 대상을 규정한다.

- 등기이사, 등기감사
- 등기 집행임원
- 비등기임원

⬤ 용어의 정의

지급규정의 용어를 정의한다.

- 임원의 범위
- 급여의 구분
- 산정기간 등

⬤ 본칙

포괄연봉제 임원급여의 결정·계산·지급방법, 급여의 산정기간·지급시기 및 승급(昇給)에 관한 사항 등을 규정한다.

⬤ 포괄연봉의 구성

포괄연봉의 구성을 규정한다.

- 기본연봉
- 상여연봉
- 제 수당
- 기타보수

⬤ 포괄연봉의 금액

포괄연봉의 급여액을 규정한다.

- 기본연봉 : 5,500만원(기본급 5,000만원+ 직책수당 500만원)
- 상여연봉 : 1,000만원(고정근무수당 1,000만원)

지급시기 등

포괄연봉의 지급시기을 규정한다.

- 기본연봉 : 기본연봉을 월할하여 매월 말일에 월봉으로 지급
- 상여연봉 : 상여연봉을 분기할하여 분기별 상여금으로 지급

보칙

본칙 규정 외 추가적 사항을 규정한다.

지급규정의 개정 등

포괄연봉제 임원급여규정의 개정 및 폐지는 주주총회 및 이사회의 결의로 한다.

부칙

시행일

임원급여규정의 시행일을 규정한다.

- 이 규정은 2023년 1월 1일부터 시행한다.

경과규정

임원급여규정의 소급 적용 및 경과규정을 규정한다.

- 이 규정은 2023년 7월 1일부터 시행한다.

❸ 포괄연봉제 임원급여규정의 작성예시

⟹ 지급규정의 구성 체계

연봉제 임원급여규정의 구성 체계는 다음과 같다.

《 포괄연봉제 임원급여규정 구성 》

(총칙)	통칙 (총칙)	목적
		적용범위
		정의
	⇩	
	본칙	연봉 구성/계산
		연봉책정
		지급방법
	⇩	
	보칙	규정개폐
	⇩	
부칙	시행일 / 경과규정	
별표		
서식		

포괄연봉제 임원급여지급규정

(제정 20 . .)

〈총 칙〉

제1조(목적)

이 규정은 ○○주식회사(이하 "회사"라 한다) 임원의 개별급여 지급기준과 금액의 정함을 목적으로 한다.

제2조(적용 범위)

이 규정은 회사에 재임하는 임원에게 적용한다.

> 이 규정은 회사에 재임하는 이사와 감사에게 적용한다.

제3조(임원의 정의)

이 규정 및 제2조의 임원이란 다음 각호의 자를 말한다.

1. 주주총회에서 선임한 이사, 감사
2. 주주총회 또는 이사회에서 선임한 집행임원, 비등기임원
3. 제1호 제2호의 임원직무를 수행하는 사장, 부사장, 전무, 상무, 상무보, 본부장, 기술연구소장

제4조(급여의 구성)

연봉의 구성은 다음과 같이 한다.

1. 기본연봉
2. 상여연봉
3. 제 수당

제5조(기본연봉의 구성과 계산)

① 기본연봉은 다음과 같이 구성한다.

1. 기본급

2. 직책수당

② 기본연봉은 주40시간, 월209시간의 1년간 근속기간의 근무시간으로 계산한다.

③ 기본연봉은 매년 1월 1일부터 12월 31일까지 1년간 근속기간으로 계산한다.

제6조(상여연봉의 구성과 계산)

① 상여연봉은 주 12시간 월 50시간의 시간외고정근무수당으로 구성한다.

② 제1항의 1년간 시간외고정근무수당은 다음의 시간외근무수당으로 계산한다.

1. 매월 34시간 이내 연장근무에 대한 연간수당
2. 매월 8시간 이내 야간근무에 대한 연간수당
3. 매월 8시간 이내 휴일근무에 대한 연간수당

③ 상여연봉은 매년 1월 1일부터 12월 31일까지 1년간 근속기간으로 계산한다.

제7조(초과근무수당의 계산)

초과근무수당은 다음의 각 초과근무 시간에 대하여 기본연봉을 환산한 시급의 50%를 가산한 수당으로 계산한다.

1. 월 34시간 연장근무 초과근무 시간
2. 월 8시간 야간근무 초과근무 시간
3. 월 8시간 휴일근무 초과근무 시간

제8조(이사의 기본연봉)

이사의 기본연봉(기본급+직책수당)은 다음과 같다.

구분	기본급(년)	직책수당(년)	기본연봉
대표이사 사장	8,400만원	800만원	10,400만원
전무이사	7,200만원	700만원	7,800만원
상무이사	6,000만원	500만원	6,500만원

제9조(감사의 기본연봉)

비상근 감사의 기본연봉은 다음과 같다.

구분	기본연봉
비상근 감사	2,400만원

제10조(본부장 등 기본연봉)

본부장 등의 기본연봉(기본급+직책수당)은 다음과 같다.

구분	기본급	직책수당	기본연봉
생산본부장	6,000만원	500만원	6,500만원
영업본부장	6,000만원	500만원	6,500만원
관리본부장	6,000만원	500만원	6,500만원
기술연구소장	6,000만원	500만원	6,500만원

제11조(상여연봉의 책정)

임원의 상여연봉은 다음과 같이 책정한다.

구분	상여연봉
사장, 전무, 상무	기본연봉의 12분의 4
본부장	기본연봉의 12분의 4
기술연구소장	기본연봉의 12분의 4

제12조(연봉의 지급)

① 기본연봉은 12분의 1로 월할하여 월봉으로 매월 ○○일에 지급한다.

② 상여연봉은 직위별 상여연봉의 4분의 1을 분기할하여 분기상여금으로 매 분기 말월의 월봉의 지급일에 지급한다.

제13조(초과근무수당의 지급)

비등기임원에게 제7조의 초과근무수당을 기본연봉의 월봉 지급일에 지급한다.

제14조(연봉 등의 지급제한)

① 기본연봉과 상여연봉은 근무하지 않은 날으로 환산하여 지급하지 않는다.

② 상여연봉은 지급일 현재 재임하지 않는 임원에게는 지급하지 않는다.

③ 이사와 감사에게는 제7항의 초과근무수당을 지급하지 아니한다.

제15조(연봉의 계약)

① 임원연봉계약은 이 규정을 준수하여 체결한다.

② 임원연봉계약의 내용이 이 규정과 다른 경우 이 규정의 내용을 적용한다.

제16조 (규정의 개정)

이 규정의 개정 및 폐지는 이사회의 결의로 한다.

> 이 규정의 개정 및 폐지는 주주총회의 결의로 한다.

〈부 칙〉

제1조(시행일)

이 규정은 202○년 ○○월 ○○일부터 시행한다.

6절　성과연봉제 임원급여규정 작성과 예시

① 성과연봉제 임원급여규정의 작성 개요

임원 성과연봉제의 개요

임원을 대상으로 시행하는 성과연봉제는 경영성과(업적)에 대하여 성과보수를 지급하는 형태이다. 임원에게 지급하는 급여를 증액하는 형태의 연봉제로 설계한다. 일반적으로 1년간 고정급여를 매월 지급하는 기본연봉과 성과에 따라 지급하는 증액형 연봉제로 설계하는 것이 일반적이다.

- 기본연봉 : 고정적으로 지급하는 정기급여
- 성과연봉 : 성과에 따라 지급하는 성과급여

기본연봉의 구성

임원의 기본연봉은 「1년간의 기본급여 + 1년간의 고정시간외수당」을 합산한 급여로 한다. 기본급은 기본연봉의 80% 이상. 고정시간외수당은 기본연봉의 20% 이내로 구성한다.

- 연간 기본급여(기본급) : 기본연봉의 80% 이상
- 연간 고정시간외수당 : 기본연봉의 20% 이내

기본급여 : 기본연봉의 80% 이상

기본급은 기본연봉의 80% 이상으로 구성하여, 주40시간의 연간근무에 대한 1년간 기본급여로 계산한다. 직위별 및 직위별 등으로 차등지급기준을 설계한다. 직위 및 직책을 예시하면 다음과 같다.

- 회장, 사장, 부사장, 전무, 상무, 소장, 실장, 본부장
- 생산본부장, 영업본부장, 관리본부장, 마테팅본부장, 재무본부장

- 기술연구소장, 상품개발실장

◉ 고정시간외수당 : 기본연봉의 20% 이내

고정시간외수당은 주12시간 시간외근무의 연간 고정시간외근무에 대한 수당으로 계산한다. 연간 고정시간외근무수당을 예시하면 다음과 같다.

- 월 34시간 이내의 연간 연장근무에 대한 수당
- 월 8시간 이내의 연간 야간근무에 대한 수당
- 월 8시간 이내의 연간 휴일근무에 대한 수당

◉ 성과연봉의 구성

◉ 성과평가의 항목

임원의 성과연봉은 1년간의 개인, 조직, 회사 등의 실적과 성과에 대하여 실적급 및 성과급과 수당 등으로 급여를 계산한다.

- 개인 부문 성과
- 조직 부문 성과
- 회사 부문 성과

◉ 성과평가 대상

회사조직의 성과평가 대상은 다음과 같다.

- 경영조직 : 사업실적 (영업이익, 매출실적, 개발실적 등)
- 생산조직 : 생산실적 (생산량, 품질도, 적기생산 등)
- 영업조직 : 영업실적 (판매량, 판매액, 수주량 등)
- 관리조직 : 지원실적 (자금, 구매, 재고, 기타 등)

② 성과연봉제 임원급여규정의 작성 방법

➡️ 작성 항목

성과연봉제 임원급여규정의 작성 항목은 임원급여의 결정과 계산, 급여의 산정·지급 및 승급(昇給)에 관한 사항 등으로 구성한다.

- 제정 및 개정 일자, 규정 목적
- 적용 범위 및 지급 대상
- 용어의 정의
- 연봉구성, 산정기간
- 기본연봉, 상여연봉 등 급여액
- 지급요건, 지급방법, 지급제한
- 지급시기
- 시행일, 경과규정

➡️ 통칙

성과연봉제 임원급여규정에 모두 적용하는 사항을 규정한다.

제정일 등 규정

지급규정의 제정 및 개정일 등을 규정한다.

- (제정 : 2019. 1. 20.)
- (개정 : 2023. 2. 20.)

규정의 목적

지급규정의 목적을 규정한다.

- 규정 적용의 회사명
- 규정 적용의 대상
- 규정 내용의 임원급여

⊙ 적용의 범위 등

지급규정의 적용 범위와 대상을 규정한다.

- 등기이사, 등기감사
- 등기 집행임원
- 비등기임원

⊙ 용어의 정의

지급규정의 용어를 정의한다.

- 임원
- 연봉
- 산정

⊙ 본칙

성과연봉제 임원급여의 결정·계산·지급방법, 급여의 산정기간·지급시기 및 승급(昇給)에 관한 사항 등을 규정한다.

⊙ 성과연봉의 구성

성과연봉의 구성을 규정한다.

- 기본연봉
- 상여연봉
- 제 수당
- 기타보수

⊙ 성과연봉의 금액

성과연봉의 급여액을 규정한다.

- 기본연봉 : 5,500만원(기본급 5,000만원+ 직책수당 500만원)
- 상여연봉 : 성과급(지급대상기간의 성과평가에 의한 변동성과급)

● 지급시기 등

성과연봉의 지급시기을 규정한다.

- 기본연봉 : 기본연봉을 월할하여 매월 말일에 월봉으로 지급
- 상여연봉 : 분기별 발생 성과급을 분기별 월에 지급

● 보칙

본칙 규정 외 추가적 사항을 규정한다.

● 지급규정의 개정 등

성과연봉제 임원급여규정의 개정 및 폐지는 주주총회 및 이사회의 결의로 한다.

● 부칙

● 시행일

성과연봉제 임원급여규정의 시행일을 규정한다.

- 이 규정은 2023년 1월 1일부터 시행한다.

● 경과규정

성과연봉제 임원급여규정의 소급 적용 및 경과규정을 규정한다.

- 이 규정은 2023년 7월 1일부터 시행한다.

❸ 성과연봉제 임원급여규정의 작성예시

⟳ 지급규정의 구성 체계

성과연봉제 임원급여규정의 구성 체계는 다음과 같다.

《 성과연봉제 임원급여규정 구성 》

(총칙)	통칙 (총칙)	목적
		적용범위
		용어 정의
		⇩
	본칙	성과연봉의 구성
		기본연봉 계산과 지급
		성과연봉 계산과 지급
		⇩
	보칙	규정의 개폐
		⇩
부칙	시행일 / 경과규정	
별표		
서식		

성과연봉제 임원급여 지급규정

(제정 202 . . .)

〈총 칙〉

제1조(목적)

이 규정은 ○○주식회사(이하 "회사"라 한다) 임원의 개별급여의 계산방법과 지급에 관한 기준 및 금액을 정함을 목적으로 한다.

제2조(적용 범위)

이 규정은 회사에 재임하는 임원에게 적용한다.

> 이 규정은 회사에 재임하는 이사와 감사에게 적용한다.

제3조(용어의 정의)

이 규정의 용어 정의는 다음과 같다.

1. 임원이란 등기임원과 비등기임원을 말한다.
2. 기본연봉이란 기본급과 직책수당을 합한 1년간 연봉을 말한다.
3. 성과연봉이란 1년간 목표 달성 실적의 성과에 대한 연봉을 말한다.
4. 제 수당이란 초과근무수당을 말한다.

제4조(급여의 구성)

임원의 급여는 다음과 같이 구성한다.

1. 기본연봉
2. 성과연봉
3. 제 수당

제5조(기본연봉의 계산)

① 기본연봉은 매년 1월 초일부터 12월 말일까지 연간 근속기간을 계산기간으로 한다.

② 기본연봉은 주40시간 근무에 대한 연간기본급과 주12시간 시간외근무에 대한 연간 고정시간외수당을 합산한 금액으로 계산한다.

③ 기본연봉의 연간 고정시간외수당은 다음의 시간외근무에 대한 연간수당으로 계산한다.

1. 매월 34시간 이내의 연장근무에 대한 연간수당
2. 매월 8시간 이내의 야간근무에 대한 연간수당
3. 매월 8시간 이내의 휴일근무에 대한 연간수당

제6조(성과연봉의 계산)

① 성과연봉은 매년 1월 초일부터 12월 말일까지 1년을 계산기간으로 한다.

② 성과연봉의 평가항목과 반기별 목표 달성 기준은 다음과 같다.

평가항목	반기별 목표
생산량	120대
판매량	100대
매출액	30억원

③ 제2항 성과연봉의 평가항목별 반기별 목표의 달성률을 다음의 가중평균한 달성률별로 성과급을 계산한다.

반기별 가중평균 달성률	반기별 성과급
110% 이상	기본연봉의 5%
120% 이상	기본연봉의 10%
130% 이상	기본연봉의 15%

제7조(초과근무수당의 계산)

다음의 월간 고정시간외근무시간의 초과근무 시간에 대하여 기본연봉 시급의 50%를 가산하여 초과근무수당으로 계산한다.

1. 월 34시간 연장근무 초과근무 시간
2. 월 8시간 야간근무 초과근무 시간
3. 월 8시간 휴일근무 초과근무 시간

제8조(이사의 연봉)

대표이사 사장 등 임원의 기본연봉과 성과연봉은 다음과 같다.

구분	기본연봉	반기별 성과연봉
대표이사 사장	8,400만원	
전무이사	7,200만원	제6조의 제3항의 성과급
상무이사	6,000만원	

제9조(감사의 연봉)

비상근 감사의 기본연봉은 다음과 같다.

구분	기본연봉	성과연봉
비상근 감사	1,200만원	-

제10조(본부장 등 연봉)

본부장 등 임원의 기본연봉과 성과연봉은 다음과 같다.

구분	기본연봉	반기별 성과연봉
생산본부장	5,200만원	
영업본부장	5,200만원	제6조 제3항의 성과급
관리본부장	5,200만원	

제11조(연봉의 지급)

① 기본연봉은 12분의 1로 균등분할하여 매월 ○○일에 월봉으로 지급한다.

② 성과연봉은 반기별 성과연봉은 각각 7월과 1월에 기본연봉의 월봉 지급일에 지급한다.

③ 초과근무수당은 기본연봉의 월봉 지급일에 지급한다.

제12조 (연봉 등 지급제한)

① 기본연봉과 상여연봉은 결근 등으로 근무하지 않은 날 또는 시간은 급여를 지급하지 아니한다.

② 이사와 감사에게는 초과근무수당을 지급하지 아니한다.

제13조 (연봉계약의 체결)

① 임원연봉계약은 이 규정을 준수하여 연봉계약을 체결한다.

② 임원연봉계약의 내용이 이 규정과 다른 경우 이 규정을 우선하여 적용한다.

제14조 (규정의 개정)

이 규정의 개정 및 폐지는 이사회의 결의로 한다.

> 이 규정의 개정 및 폐지는 주주총회의 결의로 한다.

〈부칙〉

제1조 (시행일)

이 규정은 202○년 ○○월 ○○일부터 시행한다.

① 임원급여규정의 제정개요

➡ 급여규정의 법규 준수

임원의 급여규정은 상법의 임원보수결정기준, 노동법의 임금기준, 세법의 급여지급기준 등을 준수하여 설계하여야 한다.

- 상법의 임원보수결정기준
- 노동법의 근로자성 임원의 임금기준
- 세법의 임원급여 손비기준
- 기타 임원보수 지급 관련 사항

➡ 상법상 임원급여

◉ 이사와 감사의 개별급여

이사와 감사의 급여는 정관·주주총회의 결의로 포괄보수 총액 및 한도액만을 정한 경우 주주총회 또는 주총위임으로 이사회의 결의로 정한 임원급여지급규정에 의한다.

◉ 집행임원과 비등기임원의 개별급여

집행임원과 비등기임원의 급여는 정관·주주총회 또는 이사회의 결의로 포괄보수 총액과 한도액을 정한 경우 주주총회 또는 이사회의 결의로 정한 임원급여지급규정에 의한다.

🔵 노동법상 임원급여

① 사용자 임원의 보수는 노동법상 근로자 임금의 적용 예외 대상이다.

② 근로자성 임원의 보수는 노동법상 임금 계산과 지급기준 등을 준수하여야 한다.

- 최저임금, 통상임금, 평균임금
- 시간외근무수당, 연차휴가수당 등
- 기타법정수당

🔵 세법상 임원 개별급여

🔵 급여지급기준

- 법인이 임원에게 지급하는 급여 중 정관·주주총회 또는 이사회에서 결정된 급여지급기준을 초과하는 금액은 손금불산입 대상이다.

🔵 이사와 감사의 개별급여

- 이사와 감사의 급여는 정관 또는 정관의 위임으로 총회에서 포괄보수 최고한도액을 정한 경우 주주총회 또는 총회의 위임으로 이사회결의로 정한 임원급여지급규정에 의한 인건비는 손금산입 대상이다.

🔵 집행임원과 비등기임원의 개별급여

- 집행임원과 비등기임원의 급여는 정관·주주총회 또는 이사회결의로 포괄보수 최고한도액을 결정한 경우 주주총회 또는 이사회결의로 정한 임원급여지급규정에 의한 인건비는 손금산입 대상이다.

🔵 급여규정의 종류

임원급여규정(임원급여지급규정)은 임원급여의 결정·계산·지급방법, 산정기간·지급시기 및 승급(昇給)에 관한 사항 등 지급기준을 중심으로 설계한다.

임원급여의 체계

임원보수의 급여체계는 기본급이 중심인 월급제와 호봉제, 기본급과 성과급 등을 포함한 연봉제, 성과급제 등이 있다.

- 월급제
- 호봉제
- 연봉제
- 성과연봉제

임원급여규정의 종류

중소기업에서 가장 많이 사용하는 임원급여규정의 종류는 다음과 같다.

구분	임원급여규정 종류
임원급여규정	1. 월급제 임원급여규정 2. 호봉제 임원급여규정 3. 연봉제 임원급여규정 4. 성과연봉제 임원급여규정

② 임원급여규정의 제정요건 등

이사·감사의 급여지급규정

제정요건

이사·감사의 개별보수 급여는 정관이나 정관의 위임으로 주주총회에서 포괄보수 최고한도액을 결정한 경우 주주총회 또는 주총위임으로 이사회결의로 이사·감사의 구체적인 개별보수 급여의 지급기준을 임원급여지급규정을 제정하여 지급할 수 있다.

◉ 제정 절차

주주총회 또는 이사회의 결의 임원급여규정의 제정 절차는 다음과 같다.

절차	결의사항	결의서 등
정관	• 이사·감사의 임원보수결정의 주총결의 위임	• 정관
주주총회	• 이사·감사의 포괄보수 총액 및 한도액	• 주총결의서
(주주총회) 이사회	• 임원급여지급규정	• (주총결의서) • 이사회결의서

⬡ 집행임원·비등기임원 급여지급규정

◉ 제정요건

집행임원·비등기임원의 개별보수 급여는 주주총회 또는 이사회의 결의로 포괄보수를 결정한 경우 주주총회 또는 이사회결의로 집행임원·비등기임원의 구체적인 개별보수 급여의 지급기준의 임원급여지급규정을 제정하여 지급할 수 있다.

◉ 제정 절차

주주총회 또는 이사회의 결의 임원급여규정의 제정 절차는 다음과 같다.

절차	결의사항	결의서
(주주총회) 이사회	• 집행임원·비등기임원의 포괄보수 총액 및 한도액	• (주주총회결의서) • 이사회결의서
(주주총회) 이사회	• 임원급여지급규정	• (주주총회결의서) • 이사회결의서

❸ 임원급여규정의 주주총회결의서 작성예시

(정기) 주주총회의사록

코페하우스 주식회사는 다음과 같이 정기주주총회를 소집 및 개최하여 상정된 안건을 심의 및 결의하였습니다.

1. 소집
    1-1. 일시: 202X 년 3월 20일, 오전 10:00시
    1-2. 장소: 서울특별시 테헤란로 1 코페하우스 본사 회의실
    1-3. 출석주주 (의결권 있는 주주와 주식)
           – 주주총수: 5명   – 발행주식 총수: 20,000주
           – 출석주주 수: 5명   – 출석주주 주식 수: 20,000주
    (첨부1) 주주명부

2. 개회
정관에 의하여 대표이사 ○○○이 총회의 의장으로서 위와 같이 총회의결 정족수 이사의 주주가 출석으로 총회개최가 적법하게 성립됨을 알리고 오전 10시 10분에 총회의 개회를 선언하다.

3. 의결
제 1호 의안 : 임원급여지급규정 개정의 승인 건

의장은 임원의 개별급여를 (첨부2) 임원급여지급규정에 의하여 지급할 것을 설명하고, 동 규정의 개정(제정)을 의안으로 상정하여 심의 및 결의를 요청하여 출석주주 전원이 찬성하여 승인으로 가결하다.
    (첨부2) 임원급여지급규정

4. 폐회

의장은 위와 같이 총회의 안건 모두를 심의 및 결의하였음으로, 총회의 종료를 알리고 오전 11시 00분에 정기주주총회의 폐회를 선언하다.

위와 같이 총회의 의사 및 결의 결과를 명확히 하기 위하여 경과요령에 대한 의사록을 작성하고 의장과 이사가 서명 및 기명날인으로 증명한다.

202X 년 3월 20일

첨부서면
(첨부1) 출석주주 명부
(첨부2) 임원급여지급규정

코페하우스 주식회사
서울특별시 강남구 테헤란로 123
(대표이사)　　　　　(인)
(사내이사)　　　　　(인)
(사내이사)　　　　　(인)

❹ 임원급여규정의 이사회결의서 작성예시

(제○차) 이사회의사록

코페하우스 주식회사는 다음과 같이 이사회를 소집하여 회의 목적 사항을 심의 및 결의하다.

1. 소집

    1-1. 일시: 202×년 2월 20일, 오전 10시

    1-2. 장소: 서울특별시 테헤란로 1 코페하우스 본사 회의실

    1-3. 출석: 이사 등

        - 이사 총수: 3명   - 출석이사: 3명

        - (감사의 수: 1명)   - (출석감사: 1명)

    (첨부1) 이사회 출석명부

2. 개회

정관 규정에 따라 대표이사 ○○○이 의장으로서 위와 같이 이사회의결정족수 이상의 이사가 출석하여 이사회의 개최가 적법하게 성립됨을 알리고 오전 10시 10분에 이사회의 개회를 선언하다.

3. 의결

제 1호 의안 : 임원급여지급규정 승인의 건

의장은 주주총회에서 위임한 이사와 감사의 개별급여를, 집행임원과 비등기 임원의 개별급여를 (첨부2) 임원급여지급규정에 의하여 지급할 것을 설명하고 이를 의안으로 상정하여 심의 및 결의를 요청하여 출석이사 전원이 찬성하여 승인으로 가결하다.

    (첨부2) 임원급여지급규정

4. 폐회

의장은 위와 같이 이사회의 회의목적사항을 모두 심의 및 결의하였음을 설명하고 총회의 종료를 알리고 오전 11시에 이사회의 폐회를 선언하다.

위와 같이 이사회의 경과요령과 의사 및 결과에 대한 의사록을 작성하고 의장과 이사, 감사가 서명 또는 기명날인으로 증명한다.

202 년 2월 20일

(첨부서면)
(첨부1) 이사회 출석명부
(첨부2) 임원급여지급규정

코페하우스 주식회사
서울특별시 강남구 테헤란로 123
(대표이사)　　　　　 (인)
(사내이사)　　　　　 (인)
(사내이사)　　　　　 (인)
(감　　사)　　　　　 (인)

4장

임원상여금과 지급규정 작성과 관리

임원상여금 지급규정은?

왜? 임원상여금 지급규정이 필요한가?

개별보수 임원상여금의 결정기준은?
개별보수 임원상여금의 임금기준은?
개별보수 임원상여금의 급여지급기준은?
개별보수 임원상여금의 손금기준은?

개별보수 임원상여금 지급규정 설계·작성·제정은?

이에 관하여
「4장 임원상여금과 지급규정 작성과 관리」에서 명확히 제시한다.

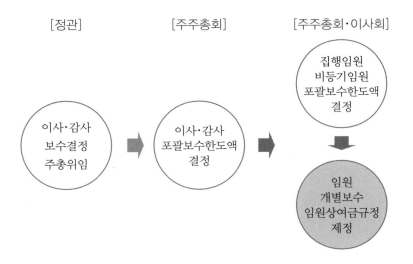

1 상법상 임원상여금의 결정기준

➡ 이사의 개별상여금 결정

　이사의 개별상여금은 정관 또는 정관의 위임으로 주주총회에서 포괄보수 보수총액 및 한도액을 정한 경우 주주총회 또는 이사회의 결의로 이사의 개별상여금을 결정할 수 있다. 다만, 정관·주주총회의 포괄보수 한도의 결정 없이 이사회의 결의로 개별상여금을 결정할 수 없다.

　이사의 개별상여금은 주주총회 또는 이사회의 결의로 정한 금액이나 「임원상여금지급규정」에 의한 금액으로 결정한다.

《 이사의 개별상여금 결정요건 》

주총(정관) 결의
이사 포괄보수 한도액* 결정

*임원의 보수총액 및 최고한도액

이사회(총회) 결의
이사 개별보수 상여금* 결정

*임원상여금규정에 의한 상여금 포함

➡ 감사의 개별상여금 결정

　감사의 개별상여금은 이사의 개별상여금 결정을 준용한다.

《 감사의 개별상여금 결정요건 》

주총(정관) 결의
감사 포괄보수 한도액* 결정

*임원의 보수총액 및 최고한도액

이사회(총회) 결의
감사 개별보수 상여금* 결정

*임원상여금규정에 의한 상여금 포함

🔹 집행임원의 개별상여금 결정

집행임원의 포괄보수 보수총액 및 개별상여금은 정관에 규정이 없거나 주주총회의 승인이 없는 경우 이사회에서 정한다(상법 제408조의2).

집행임원의 개별상여금은 이사회의 결의로 개별상여금 지급기준 및 금액을 「임원상여금지급규정」으로 제정하여 지급할 수 있다.

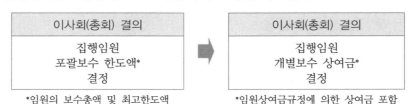

🔹 비등기임원의 개별상여금 결정

비등기임원의 포괄보수 보수총액 및 개별상여금은 정관에 규정이 없거나 주주총회의 승인이 없는 경우 이사회에서 정한다.

비등기임원의 개별상여금은 이사회의 결의로 개별상여금 지급기준 및 금액을 「임원상여금지급규정」으로 제정하여 지급할 수 있다.

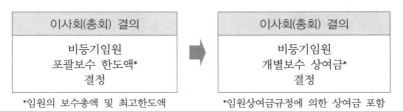

② 노동법상 임원상여금의 임금기준

노동법에 상여금에 관하여 법률로 명시한 규정은 없다. 상여금에 관하여 행정해석 및 판례에 의하여 임금 여부를 판단한다. 근로자성 임원은 시간외 수당 계산 등 기초가 되는 통상임금의 판단 여부가 매우 중요하다.

회사에서 일률적으로 임직원에게 정기적 고정적 지급하는 정기상여금은 통상임금에 해당한다. 통상임금은 수당 등 가산임금계산의 기초가 되는 적용한다. 평균임금은 퇴직금 계산의 기초가 되는 임금이다.

근로자성 임원은 다음의 상여금에 관한 판례 및 해석을 준용한다.

정기상여금의 감액

정기상여금의 감액 요건

정기상여금은 회사가 취업규칙 및 규정 등에 의하여 상여금 지급 기간을 정하여 근로자에게 정기적으로 지급하는 상여금이다. 관련 규정이나 지급조건이 사전에 명확히 확정된 것으로 근로기준법상 임금에 해당한다.

정기상여금은 임금의 성격이므로 감액 또는 규정의 변경 등에는 근로자의 의견청취 및 동의를 받아야 한다. (근기68207-1873, 2000.6.20.; 근기68207-2660, 2000.9.2.)

정기상여금의 감액 정당성

회사의 경영정상화를 위하여 사업비 절감, 직원 감축, 고정자산처분 등의 시책과 함께 정기상여금 지급률 삭감을 통보하고 개인별 성과를 평가하여 지급률을 차등 적용하여 삭감을 결정한 것은 정당하다. (대법 2003.7.11., 200다11387)

상여금의 지급제한

지급 대상의 제한

단체협약·취업규칙 등에 지급 기간 지급 대상 등을 정한 경우 그 기간 또는 그 대상자에게만 상여금을 지급할 수 있다(범무811-2682, 1978.12.5.).

취업규칙 등에 상여금 지급 기간 등을 따로 정해놓고 그 기간을 계속 근무한 자에게만 상여금을 지급할 수 있다(임금 6807-351, 1994.6.13.)

상여금의 차등 지급

근속연수 기준

취업규칙 등에 근속연수에 따라 상여금의 지급률을 달리하거나 차등지급할 수 있으며 대기 발령자에게는 상여금을 지급하지 않는다고 정할 수 있다(근기1455-34373, 1982.12.24; 임금32240-6549, 1989.5.2.).

성과기준

취업규칙 등에 경영실적이 좋지 않거나 저성과자에게 상여금을 지급하지 않는다고 정할 수 있다(대법2003다11387, 2003.7.11.)

직책 기준

취업규칙 등에 직급이나 직위별로 상여금을 달리 정할 수 있다(근기68207-2145, 1999.9.1.)

상여금의 임금 여부

상여금이 계속적·정기적으로 지급되고 그 지급액이 확정되어 있다면 이는 근로의 대가로 지급되는 임금의 성질을 가지나, 그 지급사유의 발생이 불확정이고 일시적으로 지급되는 것은 임금이라고 볼 수 없다(대판2006.5.26. 2003다54322,54339).

통상임금의 여부

회사가 상여금지급규칙에 따라 상여금을 근속기간이 2개월을 초과한 근로자에게는 전액을, 2개월을 초과하지 않는 신규입사자나 2개월 이상 장기 휴직 후 복직한 자, 휴직자에게는 상여금 지급대상기간 중 해당 구간에 따라 미리 정해놓은 비율을 적용하여 산정한 금액을 각 지급하고, 상여금 지급대상기간 중에 퇴직한 근로자에게는 근무일수에 따라 일할계산하여 지급한 사안의 상여금은 통상임금에 해당한다. (대법원 2013.12.18., 2012다89399)

성과급의 임금 여부

- 근로자성 임원의 성과급은 직원상여금 해석을 준용한다.

성과급의 임금 여부는 근로자성 임원에게 매우 중요하다. 가산수당 및 퇴직금 계산의 기초가 되기 때문이다. 일반적으로 성과급은 특별상여금 또는 성과상여금, 실적수당, 인센티브" 등으로 개인 또는 조직의 성과에 따라 지급여부를 결정한다.

노동관계법은 성과급에 관하여 정함이 없으나, 그 지급에 관한 판례 및 해석은 다음과 같다.

성과급의 임금 인정

자동차판매회사가 성과급지급규정 또는 영업프로모션 등으로 정한 지급기준과 지급시기에 따라 매월 정기적 계속적으로 인센티브를 제공한 경우 이는 근로자가 근로를 제공하고 받는 임금은 평균임금의 산정기초가 되는 평균임금으로 본다(대법2011.7.14., 2011다23149).

성과급의 임금 불인정

일시적 지급 성과급

경영의 성과 등 불확실한 사유에 따라 일시적으로 지급되는 경우는 임금으로 인정되지 아니한다(대법원 2005.9.9. 2004다41217 판결)

○ 사전에 미확정된 성과급

사전에 그 지급 여부가 확정되어 있지 않은 성과급은 원칙적으로 임금으로 보지 않는다(대법2006.6.11, 2001다16722).

○ 내부품의에 의한 성과급

매 반기별로 내부품의 방식에 의한 절차를 통해 경영성과 분석 즉, 매출·수주·이익실적 등을 종합적으로 고려하여 성과급 지급 여부 및 지급률 등을 검토·결정하는 지급방식이 여러 차례 반복되었다고 하여 이를 지급 관행이 성립된 것으로 볼 수 없다(임금정책과-588, 2005.2.5).

○ 근로 제공 없는 성과급

근로자 개인의 실적에 따라 결정되는 성과급은 지급조건과 지급시기가 단체협약 등에 정하여져 있다고 하더라도 지급조건의 충족 여부는 근로자 개인의 실적에 따라 달라지는 것으로서 근로자의 근로 제공 자체의 대상이라고 볼 수 없으므로 임금에 해당한다고 할 수 없다(대법원 2004.5.14. 2001다76328).

○ 추가성과급

추가성과급이 취업규칙 등 규정에 명시되어 있으나 그 지급의무가 회사의 판매목표 달성 여부(판매목표 90% 이상 시 지급)에 따라 발생할 경우라면 근로자의 근로 제공 자체의 대가라고 볼 수 없어 근로기준법상 임금으로 보기 어려울 것으로 판단한다(근로개선정책과 4400, 2011.11.10.)

③ 세법상 임원상여금의 지급기준

⬢ 임원상여금의 지급기준

법인이 임원에게 지급하는 상여금은 임원의 보수를 정관이나 주주총회 또는 이사회의 결의로 정한 포괄보수 최고한도액을 정한 경우 그 포괄보수 한도액 이내에서 주주총회나 이사회의 결의로 정한 개별보수 상여금 또는 주주총회나 이사회의 결의로 개별보수 상여금의 지급기준을 정한 임원상여금 지급규정에 의한 상여금이어야 한다.

구분	임원상여금 지급기준
임원의 상여금	• 정관·주주총회 또는 이사회의 결의로 정한 급여지급기준에 의한 금액

⬢ 임원상여금의 손금기준

법인이 임원에게 지급하는 상여금 중 정관·주주총회·사원총회 또는 이사회의 결의에 의하여 결정된 급여지급기준에 의하여 지급하는 금액을 초과하여 지급한 경우 그 초과금액은 이를 손금에 산입하지 아니한다. (법영§44②)

◉ 이사의 개별상여금 지급요건

이사의 개별상여금 급여지급기준은 정관 또는 정관의 위임으로 주주총회에서 포괄보수 최고한도액을 정한 경우 그 보수한도액 이내에서 주주총회 또는 이사회의 결의로 정한 금액 또는 임원상여금 지급기준을 정한 「임원상여금지급규정」에 의한 금액이다.

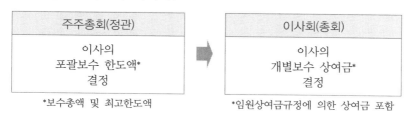

◉ 감사의 개별상여금 지급요건

감사의 개별상여금 급여지급기준은 이사의 개별상여금 지급요건을 준용한다.

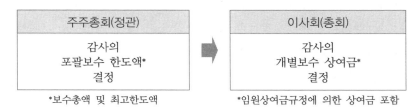

◉ 집행임원의 개별상여금 지급요건

집행임원의 개별상여금 급여지급기준은 정관이나 주주총회 또는 이사회의 결의로 집행임원의 포괄보수 최고한도액을 정한 경우 그 보수한도액 이내에서 주주총회 또는 이사회의 결의로 정한 금액 또는 상여금 지급기준을 정한 임원상여금지급규정에 의한 금액이다.

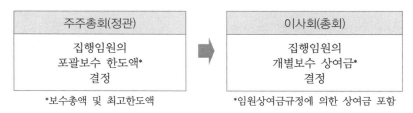

◉ 비등기임원의 상여금 지급요건

비등기임원의 개별상여금 급여지급기준은 집행임원의 개별상여금 지급요건을 준용한다.

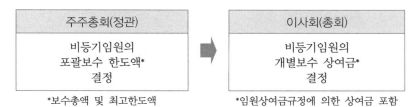

⟡ 임원상여금의 손금불산입 기준

법인세법상 손금에 산입하지 아니하는 상여금은 다음과 같다. (법영§43)

◉ 이익처분에 의한 상여금

법인이 그 임원 또는 사용인에게 이익처분에 의하여 지급하는 상여금은 이를 손금에 산입하지 아니한다.

◉ 급여지급기준 초과 상여금

법인이 임원에게 지급하는 상여금 중 정관·주주총회·사원총회 또는 이사회의 결의에 의하여 결정된 급여지급기준에 의하여 지급하는 금액을 초과하여 지급한 경우 그 초과금액은 이를 손금에 산입하지 아니한다.

◉ 동일직위 초과 상여금

법인이 지배주주 등(특수관계 포함) 임원 또는 사용인에게 정당한 사유없이 동일직위에 있는 지배주주 등 외의 임원 또는 사용인에게 지급하는 금액을 초과하여 보수를 지급한 경우 그 초과금액은 이를 손금에 산입하지 아니한다.

◉ 비상무임원 상여금

상근 또는 비상무 임원에게 지급하는 보수가 부당행위계산에 해당하는 상여금은 손금에 산입하지 아니한다. (법인세법§52)

2절　　임원상여금 지급의 유의사항

① 임원상여금의 손금부인 사례

➡ 이익처분 상여금

　법인이 법인세법 시행령 제43조 2항의 급여지급기준과 별도로 지급하거나 임시주주총회의 결의로 임원에게 지급한 특별상여금이 사실상 이익처분으로 지급한 상여금에 해당하는 경우에는 손금에 산입하지 아니한다. (법인 46012-1483, 2000.7.3)

➡ 특별상여금 주총결의

　임시주주총회에서 기업경영여건 개선으로 경영진에게 성과급 지급 건을 결의하여, 정관에서 위임한 임원보수규정에 따라 상근임원에게 영업이익의 40% 중 총액 20억 한도 내에서 임원에게 지급한 특별상여금이 사실상 이익처분에 해당하는 경우에는 손금에 산입하지 아니한다. (서이-125, 2007.1.16)

➡ 실적상여금

　법인이 정관·주주총회 또는 이사회의 결의로 결정된 대표이사 상여금 지급기준에 의하여 실적급(상여금)을 지급하는 경우 동 상여금 지급액은 각 사업연도 소득금액 계산에서 지급기준 범위 내에서 이를 손금에 산입하는 것이나, 그 지급기준이 급여형식을 가장한 이익처분에 해당하는 경우에는 그러하지 아니한다. (서이46012-12336, 2002.12.27; 국심 2003-2221, 2005.6.24)

❷ 이사회의 결의 임원상여금의 손금 여부

➡ 이사회의 결의 급여지급기준에 의한 임원성과상여금

법인이 임원에게 지급하는 상여금 중 법인세법 시행령 제43조 제2항의 급여지급기준 범위 내에서 이사회의 결의에 의한 급여지급기준에 의하여 지급하는 금액은 각 사업연도의 소득금액을 계산에서 규정에 의한 지급기준 범위 내에서 손금산입 대상이다. (서면-710,2008.4.17)

➡ 이사회의 결의 지급기준에 의한 임원의 상여금

유한회사가 사원총회의 결의에 의하여 임원에 대한 상여금 지급총액이 결정되고 구체적인 지급기준에 관하여 상법제564조 제1항의 규정에 의한 이사 과반수의 결의로 정해진 지급기준에 의하도록 위임된 경우

이사 과반수의 결의에 의한 동 지급기준에 의해 지급하는 임원의 상여금은 법인세법 시행령 제19조 제3호에 의한 인건비에 해당되므로 이를 법인의 각 사업연도 소득금액 계산 시 손금으로 인정되는 것이나,

특정 임원에게만 정당한 사유없이 지급률을 차별적으로 정하여 과다하게 지급하는 경우에는 법인세법 제52조의 부당행위계산부인 규정이 적용되는 것입니다. (서면2팀-433, 2006.02.28)

➡ 이사회의 결의 없는 임원상여금

임원의 상여금 책정에 대하여 주주총회에서 법인의 대표이사에게 그 결정권을 일임한 것에 대하여 이사회에 일임한 것으로 보더라도 이사회의 결의가 없는 때에는 지급기준이 없는 것으로 본다. (국심 2001구724, 2001.6.1)

❸ 급여지급기준 없이 지급하는 임원상여금

➲ 내부 기준에 의한 임원상여금

사실상 객관적인 기준에 의하여 임원에게 상여금을 지급하였더라도 정관·주주총회 또는 이사회의 결의로 결정된 급여지급기준의 근거가 없으면 손금불산입 됨. (국심 2000광890, 2001.1.26)

➲ 지급시기와 지급률이 없는 지급규정의 상여금

임원의 특별상여금에 대하여 회사의 경영실적과 형편을 감안하여 지급 여부와 지급률을 결정한다는 지급규정이 있다 하더라도 그 구체적인 지급시기와 지급률이 정해지지 않은 때에는 객관적인 지급기준이 있는 것으로 볼 수 없음. (국심 99서2678, 2000.6.20)

➲ 대표이사가 결정하여 지급하는 임원상여금

임원의 상여금 책정에 대하여 주주총회에서 법인의 대표이사에게 그 결정권을 일임한 것에 대하여 이사회에 일임한 것으로 보더라도 이사회의 결의가 없는 때에는 지급기준이 없는 것으로 보아야 함. (국심 2001구724, 2001.6.1).

➲ 직원상여금규정에 의한 임원상여금

법인이 임원에 관한 급여(상여금 포함)지급기준을 주주총회의 결의로 정하면서 전체 임원에 대한 총급여 한도액만을 정하고 실제로 임원에게 상여금을 지급할 때에는 사용인(종업원) 급여지급규정의 상여금 지급비율을 준용하여 지급한 경우에 당해 상여금은 손금산입 대상 상여금으로 볼 수 있음. (법법 46012-206, 1998.1.26 및 심사, 법인 98-79, 1998.5.8)

❹ 특정 임원에게 지급하는 상여금

➤ 특정 임원에게 과다하게 지급하는 상여금

유한회사가 사원총회의 결의에 의하여 임원에 대한 상여금 지급총액이 결정되고 구체적인 지급기준에 관하여 상법 제564조 제1항의 규정에 의한 이사 과반수의 결의로 정해진 지급기준에 의하도록 위임된 경우,

이사 과반수의 결의에 의한 동 지급기준에 의해 지급하는 임원의 상여금은 법인의 각사업연도 소득금액계산 시 손금으로 인정되는 것이나,

특정 임원에게만 정당한 사유 없이 지급률을 차별적으로 정하여 과다하게 지급하는 경우에는 부당행위계산 규정이 적용됨. (서이 433, 2006.2.28)

➤ 대표이사 개인만 지급하는 상여금

급여지급기준과 임원의 실적에 따라 차등지급하지 않고 대표이사 개인만 업무성과에 따라 특별상여를 지급하고 비용으로 계상한 경우에는 법인이 임원에게 이익처분한 상여로 보아 손금에 산입하지 아니함. (서이-1257, 2005.8.3)

➤ 지배주주 임원에게 지급하는 특별상여금

정당한 사유없이 동일직위에 있는 지배주주 등 외의 임원에게 지급하는 금액을 초과하여 보수를 지급하는 경우 초과금액은 손금에 산입하지 아니하며, 임원에게 지급한 특별상여금이 사실상 이익처분에 해당하는 경우 이를 손금에 산입하지 아니함. (법인세과-4200, 2008.12.29)

➤ 동일직위 임원보다 초과 지급하는 상여금

정관, 주주총회, 사원총회 또는 이사회의 결의에 의하여 결정된 지급기준에 정해진 범위 내에서 임원에게 직위별로 업무기능, 업무수행능력, 경력 등을 고려하여 결정된 급여지급기준에 따라 상여금을 지급함에 따라 지배주주

간에 지급률이 달리 적용되는 경우

　동일직위에 있는 지배주주인 특정 임원에게 상여금을 지급함에 있어 정당한 사유 없이 그 외의 임원에게 지급하는 금액을 초과하여 지급한 금액은 손금불산입 함. (서면2팀-447, 2006.02.28).

⑤ 장단기로 나누어 지급하는 임원특별상여금

　법인이 집행임원에 대하여 이사회의 승인을 받은 '집행임원특별상여금 지급기준'에 설정된 한도 내에서 단기(매년)와 장기(3년 단위)로 나누어 집행임원의 성과에 따라 지급하는 특별상여금은 손금산입 대상 상여금에 해당하는 것이나,

　법인세법시행령 제43조 제3항에 해당하는 경우에는 손금에 산입하지 아니하는 것입니다. 또한, 장·단기 특별상여금을 사업연도 종료일까지 결정하지 못하고 사업연도 종료일 이후에 확정되는 때에는 당해 특별상여금은 지급의무가 결정된 날이 속하는 사업연도의 손금으로 하는 것이며(서면2팀-551, 2006.3.30. 같은 뜻), 전출된 임원에 대한 장기 특별상여금은 전출회사에서 재직한 기간에 대하여 평가한 금액을 전출법인이 실제 지출하는 경우 손금으로 인정되는 것입니다. (서이 1416, 2006.7.27)

⑥ 주식으로 지급하는 임원상여금

● 정관 등 규정에 따라 자기주식으로 지급하는 상여금

　법인이 정관 주주총회 또는 이사회의 결의에 의하여 결정된 임원의 상여금 지급기준에 따라 상여금을 자기주식으로 지급하는 경우 동 상여금 지급

액은 각 사업연도의 소득금액을 계산에서 법인세법 시행령 제43조 제2항의 규정에 의한 지급기준 범위 내에서 손금에 산입하는 것임. (서면2팀-294, 2008.02.15)

임원상여금을 주식으로 지급하는 경우

법인이 정관·주주총회 또는 이사회의 결의에 의하여 결정된 임원상여금지급기준에 따라 상여금을 주식으로 지급하는 경우 동 상여금 지급액은 각 사업연도의 소득금액을 계산에서 지급기준 범위 내에서 이를 손금에 산입하며, 이 경우 임원은 등기여부에 관계없이 법인세법 시행령 제43조 제6항 (2009.2.4개정전)에 해당하는 자를 말하는 것임. (서이 46012-11815, 2002.10.1)

⑦ 주식매수선택권으로 부여하는 임원상여금

차액보상형 주식매수선택권의 행사이익

조세특례제한법 제15조의 요건을 충족한 주식매수선택권을 임원이 행사함으로써 동법 제15조 제4항의 규정에 의해 임원에게 지급하는 금액에 대하여는 법인세법 시행령 제43조 제2항의 규정이 적용되지 아니함. (재법인-237, 2005.4.8)

주식매수선택권 부여 취소에 따른 보상비용 지급액

비상장법인이 임직원에게 부여한 주식매수선택권을 취소함에 따라 임직원에게 지급한 보상 대가는 법인세법상 이익처분에 의하여 지급하는 상여금에 해당하는 것으로 봄이 타당하므로 손금에 산입하지 아니하는 것임. (국심 2005중4114-2006.6.28, 서이-1444, 2004.7.12 및 서이-93, 2005.1.13)

주식매수선택권 행사이익의 임원상여금지급기준 적용 여부

법인세법의 요건을 충족하는 주식매수선택권을 임원이 행사함으로 인하여 내국법인이 법인세법에 의한 금액을 임원에게 지급하는 금액에 대하여는 임원상여금 한도액 규정이 적용되지 아니하는 것임

법인세법 시행령 제20조1항3호에 따른 주식매수선택권을 임원이 행사함으로 인하여 내국법인이 같은 호 각목의 금액을 임원에게 지급하는 금액에 대하여는 같은 법 시행령 제43조 제2항의 규정이 적용되지 아니하는 것임. (법인세과-848, 2011.10.31)

🔷 급여지급기준을 초과하는 주식매수선택권 행사이익

임원의 주식매수선택권 행사이익(조세특례제한법 제15조 제1항의 요건 충족)의 상여금 포함 여부는 법인이 임원에게 법인세법 시행령 제43조 제2항의 규정에 의한 임원의 급여지급기준을 초과하여 상여금(조세특례제한법 제15조의 규정에 의한 주식매수선택권의 행사이익을 포함함)을 지급하는 경우 그 초과액은 이를 손금에 산입하지 않는 것임. (서면2팀-1444, 2004.07.12, 및 법인세과-1815, 2004.6.29)

① 임원정기상여금규정의 작성 개요

◆ 정기상여금의 개요

정기상여금은 사전에 지급대상기간을 정하여 정기적으로 고정금액을 상여금으로 지급하는 것을 말한다. 일반적으로 정기상여금의 급여지급기준은 3개월 이하의 정기적 지급대상기간의 상여금을 급여로 본다.

정기상여금을 지급요건은 다음과 같다.

- 일률적 지급 대상의 상여금
- 정기적 일정 기간의 상여금
- 고정적 일정 금액의 상여금

◆ 지급대상의 적용

임원의 정기상여금은 1년 이상 또는 6개월 이상 재임한 임원 등으로 지급대상을 제한 할 수 있다. 다만, 비상무임원 및 비상근 임원에게는 지급을 제한한다. 또한, 지급일 기준 재임하는 임원으로 지급대상을 제한 할 수 있다. 다만, 정기상여금은 근로자성 임원에게는 재직기준 지급을 적용할 수 없다.

- 1년 이상 재임한 임원
- 지급대상기간 재임한 임원
- 지급일 기준 재임 임원

◆ 정기상여금의 한도

법인 임원에게 지급하는 정기상여금은 정관·주주총회·사원총회 또는 이사회의 결의로 결정한 급여지급기준을 초과하는 금액은 손금불산입 대상이다.

(법영§43②)

정관의 위임으로 주주총회의 결의로 임원의 포괄보수 최고한도액을 정한 경우 그 보수한도액 이내로 주주총회 또는 이사회의 결의로 임원 정기상여금지급규정에 의한 정기상여금을 정할 수 있다.

정기상여금의 지급주기

임원의 정기상여금 지급대상기간은 2개월, 3개월, 4개월 등으로 지급대상기간을 정하여 격월, 분기별 지급 지급할 수 있다.

- 근속기간 2개월의 격월 정기상여금
- 근속기간 3개월의 분기별 정기상여금

정기상여금의 지급률

임원의 정기상여금은 임원의 직위별·직책별 등으로 차등 지급기준을 정하여 지급할 수 있다. 정기상여금 계산의 차등 지급기준을 예시하면 다음과 같다.

구분	지급률 (기본급(월) × 지급률)
사장	600%
부사장, 전무	500%
상무, 이사	400%
본부장	300%

❷ 임원정기상여금규정의 작성 방법

➡ 지급규정의 작성 항목

임원 정기상여금규정의 작성 항목은 다음과 같다.

- 제정목적, 적용 범위, 지급대상
- 상여금, 산정방법, 지급률
- 지급요건, 지급방법, 지급제한
- 규정 개폐, 지급시기, 시행일

➡ 통칙

● 제정일 등

임원 정기상여금 규정의 제정일 및 개정일을 규정한다.

- 제정 : 2021.07.20.
- 개정 : 2023.07.10.

● 제정의 목적

임원 정기상여금 규정의 제정목적을 규정한다.

- 규정 제정의 회사
- 규정 적용의 임원
- 규정 내용의 상여금

● 적용 범위 등

임원 정기상여금의 지급 대상 및 규정의 적용 범위를 규정한다.

- 이사, 감사
- 등기임원
- 비등기임원

본칙

상여금의 구성

임원 정기상여금의 구분 및 구성을 규정한다.

- 격월 상여금
- 분기 상여금
- 반기 사여금

산정기간 등

임원 정기상여금의 계산 및 지급 기간을 규정한다. 계산 및 지급기간은 각 사업연도의 기간으로 1년으로 한다.

- 12월 말일 결산법인 : 매년 1월부터 12월까지
- 3월 말일 결산법인 : 매년 4월부터 다음 해 3월까지
- 6월 말일 결산법인 : 매년 7월부터 다음해 6월까지

지급대상 등

임원 정기상여금 지급대상을 규정정한다.

- 대표이사 사장
- 전무이사, 상무이사
- 본부장, 기술연구소장
- 기술고문

지급률 등

임원 정기상여금의 지급률은 직위별 등으로 기본급을 기준으로 연간 지급률로 정한다.

- 직위별 월 기본급의 400%
- 직위별 월 기본급의 400%
- 직무별 월 기본급의 400%

지급시기

임원 정기상여금의 지급시기를 규정한다.

- 연간 격월로 지급하는 정기상여금
- 연간 분기별로 지급하는 정기상여금
- 연간 반기별로 지급하는 정기상여금

지급제한

임원 정기상여금의 지급제한 규정을 둘 수 있다.

- 재임기준 상여금의 지급
- 근무하지 않은 날의 상여금 제한
- 재임기간에 따른 상여금의 제한

보칙

보수계약의 규정 준수

임원 정기상여금의 보수계약 등 추가적 사항을 규정한다.

- 보수계약의 규정준수 계약사항 등

지급규정의 개폐

이 규정은 주주총회 또는 이사회의 결의로 개정 및 폐지한다.

부칙

시행일 등

임원 정기상여금규정의 시행일 또는 경과규정을 규정한다.

- 이 규정은 2023년 1월 1일 소급하여 적용한다.
- 이 규정은 2023년 7월 1일부터 시행한다.

③ 임원정기상여금규정의 작성예시

➡ 지급규정의 구성 체계

임원 정기상여금규정의 구성 체계는 다음과 같다.

《 임원 정기상여금규정의 구성 》

총칙	통칙	목적
		적용 범위
		용어정의
		⇩
	본칙	정기상여금 구성
		정기상여금 산정방법
		정기상여금 지급요건
		⇩
	보칙	규정의 개폐 등
		⇩
부칙		시행일 / 경과규정
별표		별표
서식		서식

임원 정기상여금 지급규정

(개정 20 . .)

〈총칙〉

제1조(목적)

이 규정은 ○○주식회사(이하 '회사'라 한다) 임원의 정기상여금 지급기준에 관한 사항에 관하여 정함을 목적으로 한다.

제2조(적용 범위)

이 규정은 회사의 재직하는 임원에게 적용한다.

> 이 규정은 회사의 이사와 감사에게 적용한다.

제3조(임원의 정의)

이 규정 및 제2조의 임원이란 다음 각호의 임원을 말한다.
1. 주주총회에서 선임한 이사, 감사의 등기임원
2. 이사회의 결의로 선임한 본부장, 기술연구소장, 기술감사 등 비등기임원

제4조 (지급대상)

① 정기상여금은 상근 임원에게 지급한다.
② 정기상여금은 지급일 기준 재임 임원에게 지급한다.

제5조(정기상여금의 계산)

임원 정기상여금은 매년 1월 1일부터 12월 말일까지로 1년간 근속한 임원에게 지급한다.

제6조 (이사의 정기상여금)

이사의 직위별 연간 정기상여금은 다음과 같다.

구분	연간 정기상여금
대표이사 사장	기본급 월봉의 600%
사내이사 전무	기본급 월봉의 500%
사내이사 상무	기본급 월봉의 400%

제7조 (본부장 등 정기상여금)

본부장의 직위별 정기상여금은 다음과 같다.

구분	연간 정기상여금
생산본부장	기본급 월봉의 400%
영업본부장	기본급 월봉의 400%
관리본부장	기본급 월봉의 400%
기술연구소장	기본급 월봉의 400%

제8조 (정기상여금의 지급)

① 임원의 연간 정기상여금은 4분의 1로 균등분할하여 매분기 말월의 기본급 월봉의 지급일에 분기별 정기상여금으로 지급한다.

② 제1항의 정기상여금은 회사에 등록한 임원 명의 계좌로 지급한다.

제9조(지급제한)

① 정기상여금은 비상근이사와 비상근감사에게는 지급하지 아니한다.

② 정기상여금은 지급일 기준 재임하지 않는 임원에게는 지급하지 아니한다.

③ 분기별 정기상여금은 근무하지 않은 날은 일별 정기상여금으로 환산하여 제외하고 지급한다.

제10조(보수계약의 규정준수)

임원의 보수계약은 이 규정을 준수하며 이 규정과 다른 내용의 보수계약은 이 규정의 내용으로 한다.

제11조(규정의 개폐)

이 규정의 개정 및 폐지는 주주총회 또는 이사회의 결의로 한다.

> 이 규정의 개정 및 폐지는 주주총회의 결의로 한다.

〈부칙〉

제1조(시행일)

이 규정은 202○년 ○○월 ○○일부터 시행한다.

① 임원특별상여금규정의 작성 개요

임원에게 지급하는 특별상여금은 정관·주주총회 또는 이사회결의로 결정된 급여지급기준의 금액으로 지급하여야 손금에 산입할 수 있다.

급여지급기준의 급여란 근로제공의 대가로 정기적 고정적 일률적으로 지급하는 소득세법상 근로소득의 급여에 해당하는 경우 이를 손금에 산입할 수 있다. 임원에게 지급하는 특별상여금은 이를 준용한다.

➡ 특별상여금의 종류

임원에게 지급하는 특별상여금의 종류와 지급시기는 다음과 같다.

《 임원 특별상여금의 지급시기 》

구분	지급시기
명절상여금	설, 추석
연말상여금	당해 연말상여금, 사업연도말 상여금
휴가상여금	하계휴가, 근속휴가, 포상휴가
포상상여금	창립일, 상품출시, 제품개발
일시장려금	상품출시, 시장개척, 기술개발 등

➡ 특별상여금의 한도

임원에게 지급하는 특별상여금은 정관·주주총회 또는 이사회에서 결정한 급여지급기준을 초과하는 금액은 손금불산입 대상이다. (법영§43②)

이는 주주총회에서 포괄보수 최고한도액을 결정한 경우 주주총회 또는 이사회결의로 임원 특별상여금의 구체적인 지급기준을 정한 임원특별상여금규정에 의한 특별상여금을 정할 수 있다.

특별상여금의 손금기준

손금불산입 기준

사전에 지급시기와 지급률 등을 정하지 않고 임원에게 일시적으로 지급하는 특별상여금은 세무상 법인의 비용으로 인정하지 않는 손금불산입 대상이다.

손금산입 기준

임원에게 지급하는 특별상여금이 성과급 등으로 지급하는 상여금이라면 사전에 성과급의 산정방법 및 지급대상기간, 지급률, 지급시기 등을 지급기준으로 정한 지급규정에 의하여 지급하여야 한다.

- 사전이란 : 각 사업연도 개시일로부터 90일 이내
- 지급대상기간 : 2개월, 3개월, 6개월 등 지급주기
- 지급률 : 사전에 정한 산정방법에 의한 지급률
- 지급시기 : 사전에 정한 격월, 분기별, 반기별 등

명절상여금

임원에게 일시적으로 지급하는 명절상여금 손금불산입 대상이다. 그러나 근로 제공의 대가로 정기적 고정적 일률적으로 지급하는 소득세법상 근로소득의 급여에 해당하는 상여금은 손금산입 대상이다.

명절 상여금은 다음의 지급시기를 지급규정으로 제정하여 지급하여야 한

다.

- 설날
- 추석

⬢ 휴가상여금

임원에게 일시적으로 지급하는 휴가상여금은 법인세법상 손금불산입 대상이다. 그러나 근로제공의 대가로 정기적 일률적 고정적으로 지급하는 휴가상여금의 손금기준은 명절상여금의 내용을 준용한다.

휴가상여금의 종류는 다음과 같다.

- 하계휴가 상여금
- 연말휴가 상여금
- 근속휴가 상여금
- 공로휴가 상여금
- 기타휴가 상여금

⬢ 포상상여금

임원에게 일시적으로 지급하는 포상금 및 포상상여금은 법인세법상 손금불산입 대상이다. 그러나 근로제공의 대가로 정기적 일률적 고정적으로 지급하는 포상상여금의 손금기준은 명절상여금의 내용을 준용한다.

- 근속포상금
- 공로포상금
- 연구개발포상금
- 상품기획 포상금
- 제품개발 포상금

⏩ 일시 장려금

임원에게 일시적으로 지급하는 장려금은 법인세법상 손금불산입 대상이다. 그러나 근로제공의 대가로 정기적 일률적 고정적으로 지급하는 포상상여금의 손금기준은 명절상여금의 내용을 준용한다.

- 상품판매 장려금
- 시장개척 장려금
- 기술개발 장려금
- 상품기획 장려금
- 근속장려금

② 임원특별상여금규정의 작성 방법

➡️ 지급규정 작성 항목

임원 특별상여금 규정의 작성 항목은 다음과 같이 구성한다.

- 제정일, 규정 목적
- 적용 범위 및 지급대상, 용어정의
- 특별상여금 구성, 산정기간
- 지급률, 차등 지급기준
- 지급요건, 지급방법, 지급제한
- 지급시기, 시행일

➡️ 통칙

임원 특별상여금 지급규정에 모두 적용하는 사항을 규정한다.

◉ 제정일의 규정

지급규정의 제정 및 개정일 등을 규정한다.

- (제정 : 2019. 1. 20.)
- (개정 : 2023. 2. 20.)

◉ 규정의 목적

지급규정의 목적을 규정한다.

- 규정 적용의 회사명
- 규정 적용의 대상
- 규정 적용의 상여금

◉ 적용의 범위 등

지급규정의 적용 범위와 대상을 규정한다.

- 이사, 감사 등 등기임원

- 본부장 등 비등기 집행임원

용어의 정의

지급규정의 용어를 정의한다.

- 임원의 정의
- 상여금의 정의
- 지급대상기간의 정의

본칙

임원 특별상여금의 결정·계산·지급방법, 특별상여금의 산정기간·지급시기 및 승급(昇給)에 관한 사항 등을 규정한다.

특별상여금의 종류

임원 특별상여금의 종류를 규정한다.

- 명절상여금
- 휴가상여금
- 포상상여금

특별상여금의 금액 등

임원 특별상여금별의 지급률과 지급액을 규정한다.

- 명절상여금 : ○○○만원 : 임원 모두
- 휴가상여금 : ○○○만원 : 임원 모두
- 포상상여금 : ○○○만원 : 포상 대상 임원

지급시기 등

임원 특별상여금의 지급시기 등을 규정한다.

- 명절상여금 : 추석, 설날
- 휴가상여금 : 하계휴가일

- 포상상여금 : 창립기념일

◉ 보칙

◉ 보수계약의 규정준수

임원보수계약의 지급규정의 준수 사항을 규정한다.

◉ 지급규정의 개폐

임원특별상여금규정의 개정 및 폐지는 주주총회 및 이사회의 결의로 한다.

◉ 부칙

◉ 시행일

임원 특별상여금 규정의 시행일을 규정한다.

◉ 경과규정

임원 특별상여금 규정의 소급 적용 및 경과규정을 규정한다.

❸ 임원특별상여금규정의 작성예시

🌀 지급규정의 구성 체계

임원특별상여금규정의 구성 체계는 다음과 같다.

《 임원 특별상여금 규정의 구성 》

총칙	통칙	목적
		적용 범위
		용어의 정의
		⇩
	본칙	특별상여금 구성
		특별상여금의 산정기간
		지급요건과 방법
		⇩
	보칙	규정의 개폐 등
		⇩
부칙		시행일 / 경과규정
별표		별표
서식		서식

임원 특별상여금 지급규정

(제정 20 . .)

〈총 칙〉

제1조(목적)

이 규정은 ○○주식회사(이하 '회사'라 한다) 임원의 특별상여금의 지급기준 및 금액에 관하여 정함을 목적으로 한다.

제2조(적용 범위)

이 규정은 회사의 재임하는 임원에게 적용한다.

> 이 규정은 회사의 이사와 감사에게 적용한다.

제4조(특별상여금의 종류)

임원에게 지급하는 특별상여금의 종류는 다음과 같다.

1. 명절상여금
2. 휴가상여금
3. 근속상여금
4. 포상상여금

제5조(명절상여금)

① 임원에게 다음의 날에 상여금을 지급할 수 있다.

1. 설날
2. 추석

② 임원에게 제1항 날에 상여금을 다음과 같이 지급할 수 있다.

1. 대표이사 : 300만원
2. 전무이사 : 200만원
3. 상무이사 : 150만원
4. 본부장 : 100만원
5. 기술연구소장 : 100만원

③ 임원에게 제1항의 날 1일전에 제2항의 상여금을 지급할 수 있다.

제6조(휴가상여금)

① 임원에게 매년 7월부터 9월까지 하계휴가 상여금을 지급할 수 있다.

② 임원에게 제1항의 기간에 하계휴가 상여금을 다음과 같이 지급할 수 있다.

    1. 대표이사 : 300만원

    2. 전무이사 : 200만원

    3. 상무이사 : 150만원

    4. 본부장 : 100만원

    5. 기술연구소장 : 100만원

③ 임원에게 제2항의 상여금을 제1항의 하계휴가일 1일 전에 지급할 수 있다.

제7조(근속상여금)

① 회사는 장기근속한 임원에게 상여금을 다음과 같이 지급할 수 있다.

    1. 10년 이상 근속 : 기본연봉의 10%

    2. 15년 이상 근속 : 기본연봉의 15%

    3. 20년 이상 근속 : 기본연봉의 20%

③ 회사는 제1항의 상여금을 회사창립기념일에 지급할 수 있다.

제8조(포상상여금)

① 회사의 성장과 발전에 크게 이바지한 다음의 임원에게 포상상여금을 지급할수 있다.

    1. 제품과 상품의 개발 및 생산에 크게 이바지한 임원

    2. 제품과 상품의 판매에 크게 이바지한 임원

    3. 회사의 성장에 크게 이바지한 임원

② 제1항 임원과 상여금은 이사회의 결의로 정한다.

③ 제2항의 상여금은 회사창립기념일에 지급한다.

제9조(상여금의 지급)

임원상여금은 지급일 기준 재임하는 임원에게 지급한다.

제10조(보수계약의 규정준수)

임원보수계약은 임원상여금규정을 준수하여 체결하여야 하며, 보수계약의 내용이 다른 경우 이 규정의 내용으로 한다.

제11조(규정의 개폐)

이 규정의 개정 및 폐지는 이사회의 결의로 한다.

> 이 규정의 개정 및 폐지는 주주총회의 결의로 한다.

〈부 칙〉

제1조(시행일)

이 규정은 202○년 ○○월 ○○일부터 시행한다.

1 임원실적성과급규정의 작성 개요

실적성과급의 개요

임원에게 지급하는 실적성과급은 실질적으로 경영실적, 부문별 실적, 개인 실적 등을 평가하여 실적수당, 실적상여금 등으로 지급하는 성과급이다.

임원에게 실적성과급을 지급하기 위해서는 법인세법상 급여지급기준에 의한 소득세법상 근로소득에 의한 급여, 상여 등으로 지급하여야 한다.

- 법인세법상 급여지급기준
- 소득세법상 근로소득

이를 위하여 임원의 실적성과급 지급규정은 근로제공에 의한 지급기준의 급여로 설계하여 제정하여야 한다.

실적성과급의 구분과 대상

임원의 실적성과급은 일반적으로 중소기업은 조직부문 실적을 기준으로 실적성과급을 지급한다. 그러나 사업조직 특성상 개발부문, 계약부문, 무역부문, 기획부문, 기술부분 등은 직무담당 실적을 평가하여 개별실적 성과급을 지급할 수 있다. 임원의 실적성과급 지급 대상을 구분하면 다음과 같다.

구분	성과급 대상 임원
개인실적 성과급	• 직무부문 담당자 임원
조직실적 성과급	• 조직부문 책임자 임원
경영실적 성과급	• 경영책임 경영자 임원

➡ 실적성과급의 손금기준

임원에게 지급하는 실적성과급은 정관 및 주주총회 또는 이사회에서 결정한 보수한도 이내에서 노동법상 임금기준과 법인세법상 급여지급기준에 의한 실적성과급 지급기준을 정하여 지급하여야 한다.

임원에게 지급대상기간을 정하지 아니하고 일시적으로 해당 임원에게 상금성 성과급을 지급하는 경우 법인세법상 손금불산입 대상이다. 그러므로 손금기준 성과급의 지급을 위하여 사전에 실적성과급의 계산방법과 지급에 관한 기준 및 금액을 정한 임원실적성과급규정에 의하여 지급하여야 한다.

구분	실적성과급 지급기준 규정 개요
임원 실적성과급	• 정관 및 주총 또는 이사회의 보수한도 이내 금액 • 노동법상 통상임금의 적용 예외 임금 • 법인세법상 급여지급기준의 금액

⚫ 관련 법령

- 상법 제388조, 제415조, 제408조의2
- 법인세법 시행령 제43조
- 소득세법 제20조

➡ 실적성과급의 계산기간

임원성과급의 산정 및 지급 기간은 1년 이내로 정관·주주총회 또는 이사회에서 결정한 당기 또는 각 사업연도의 보수 결정 기간 이내로 한다.

일반적으로 실적성과급은 분기별 반기별 실적을 평가하여 간 또는 반기간 등으로 계산 및 지급 기간을 정하거나 그 이상의 기간으로 할 수 있다.

- 월간, 분기
- 반기, 연간

🔹 실적성과급의 설계

기본급은 일률적으로 책정된 고정급을 정기적으로 지급하는 보수이고, 성과급은 변동급으로 실적에 따라 지급하는 보수이다.

- 기본급 : 고정급여
- 성과급 : 변동급여

실적성과급에 대한 개인 또는 조직의 성과급 배분 비율을 다음과 같이 정할 수 있다.

구분	조직성과급	개인성과급
제조, 생산	80%	20%
도소매, 서비스	70%	30%
벤처, 인터넷, 플랫폼	60%	40%

🔹 부문실적 성과급

사업조직의 부문별 실적은 매월 또는 분기별 등의 평가 기간의 부문별 평가항목의 실적으로 평가하거나, 사전에 정한 평가항목의 목표달성기준의 달성률로 평가하여 조직실적 성과급을 지급한다.

사업조직의 부문별 실적을 예시하면 다음과 같다.

- 생산공장 ○○제품 생산실적
- 영업부서 ○○상품 판매실적
- 수출부서 수출물품 수출실적
- 상품개발팀 상품개발실적 및 개발상품 판매실적

《 조직실적 성과급 평가항목 》

조직부문	평가항목
생산 부문	• 생산량 + 불량률
영업 부문	• 판매량 + 순매출액
관리 부문	• 매출액 + 순매출액
상품개발팀	• 개발상품 매출액

개인실적 성과급

임원의 개인실적은 매월 또는 분기별 등의 평가 기간의 개인 실적 평가항목의 실적으로 평가하거나, 사전에 정한 평가항목의 목표달성기준의 달성률로 평가하여 개인실적 성과급을 지급한다.

개인실적 평가항목을 예시하면 다음과 같다.

《 개인실적 성과급 평가항목 》

개인 실적	평가항목
판매, 매출	• 판매액, 매출액
생산, 개발	• 생산량, 신규상품
유통, 수출입	• 판매점, 수출입액
기타실적	• 신규거래처 발굴

❷ 임원실적성과급규정의 작성 방법

❖ 규정의 작성 항목

임원의 실적성과급 규정의 작성 항목은 다음과 같다.
- 목적, 적용 범위
- 지급대상, 용어정의
- 실적성과급 구성, 산정기간
- 실적기준, 실적계산 방법
- 지급방법, 지급제한, 지급시기
- 규정의 개폐, 시행일 등

❖ 통칙

임원 실적성과급 규정에 모두 적용하는 사항을 규정한다.

◉ 제정일 등

지급규정의 제정 및 개정일 등을 규정한다.
- (제정 : 2019.01.20.)
- (개정 : 2023.02.20.)

◉ 규정의 목적

지급규정의 목적을 규정한다.
- 규정 적용의 회사명
- 규정 적용의 임원
- 규정 적용의 실적성과급

◉ 적용의 범위 등

지급규정의 적용 범위와 대상을 규정한다.

- 등기임원
- 비등기임원

◉ 용어의 정의

지급규정의 용어를 정의한다.

- 임원의 정의
- 실적성과급의 정의
- 실적평가의 정의

◉ 본칙

임원 실적성과급의 결정과 계산 및 지급방법, 실적성과급의 산정기간과 지급시기 및 승급(昇給)에 관한 사항 등을 규정한다.

◉ 실적성과급의 구분

임원 실적성과급의 종류를 규정한다.

- 조직부문 실적성과급
- 개인부문 실적성과급

◉ 산정기간

임원 실적성과급의 산정기간을 규정한다.

- 분기별 성과급 산정기간
- 반기별 성과급 산정기간

◉ 실적성과급의 평가 등

임원 실적성과급의 평가기준과 지급률을 규정한다.

- 성과급 평가항목의 구성 및 기준
- 성과급 평가에 의한 지급률 책정

지급시기 등

임원 실적성과급의 지급시기 등을 규정한다.

- 월별, 분기별, 반기별 성과급 지급시기

보칙

보수계약의 준수

임원보수 계약의 임원 실적성과급에 관한 사항은 지급규정을 준수하여 체결하고, 계약내용이 지급규정과 다른 경우 지급규정을 적용한다.

규정의 개폐

임원 실적성과급 규정의 개정 및 폐지는 주주총회 및 이사회의 결의로 한다.

부칙

시행일

임원 실적성과급 규정의 시행일을 규정한다.

경과규정

임원 실적성과급 규정의 소급 적용 및 경과규정을 규정한다.

❸ 임원실적성과급규정의 작성예시

◉ 지급규정의 구성 체계

임원의 실적성과급 규정의 구성 체계는 다음과 같다.

《 임원 실적성과급 규정의 구성 》

총칙	통칙	목적
		적용 범위
		용어의 저의
	⇩	
	본칙	실적성과급 구성
		실적성과급 계산
		지급방법과 제한
	⇩	
	보칙	규정 개폐

⇩

부칙	시행일 / 경과규정
별표	별표
서식	서식

임원 실적성과급 지급규정

(제정 202 . .)

〈 총칙 〉

제1조(목적)

이 규정은 ○○주식회사(이하 "회사"라 한다) 임원의 실적성과급의 계산방법과 지급에 관한 기준 및 금액을 정함을 목적으로 한다.

제2조(적용 범위)

이 규정은 회사에 재임하는 임원에게 적용한다.

> 이 규정은 회사에 재임하는 이사와 감사에게 적용한다.

제3조(지급 대상)

① 임원의 실적성과급은 상근 임원에게 지급한다.

② 임원의 실적성과급은 지급일 기준 재임하는 상근 임원에게 지급한다.

제4조(실적성과급의 구성)

임원의 실적성과급은 다음과 같이 구성한다.

1. 경영부문 실적성과급
2. 조직부문 실적성과급

제5조(실적평가기준)

분기별 실적평가항목과 분기별 목표와 달성률은 다음과 같다.

실적평가항목	분기별 목표	달성률
매출액	30억 원	100%
생산량	3,000개	100%
판매량	2,500개	100%
순매출액	20억 원	100%

*순매출액 = 매출액 - 매출채권회수금

제6조(경영부문 실적성과급)

다음의 대표이사 등 경영부문 임원에게 제5조의 실적평가항목별 분기별 목표 달성률의 가중평균율을 기준으로 다음과 같이 분기별 실적성과급으로 한다.

대상	분기별 목표 달성률의 가중평균율	분기별 실적성과급
대표이사	110% 이상	기본급 월봉의 100%
전무이사	120% 이상	기본급 월봉의 120%
상무이사	130% 이상	기본급 월봉의 130%

제7조(조직부문 실적성과급)

① 다음의 본부장 등 조직부문 임원은 제5항의 실적평가항목의 분기별 목표의 달성률을 다음과 같이 분기별 목표 달성률의 가중평균율로 계산한다.

대상	분기별 목표 달성 가중평균율	달성률
생산본부장	생산량 + 매출액	100%
영업본부장	판매량 + 순매출액	100%
관리본부장	매출액 + 순매출액	100%

② 제1항의 본부장에게 제1항이 분기별 목표 달성률의 가중평균율을 기준으로 다음과 같이 분기별 실적성과급으로 한다.

분기별 목표 달성률 가중평균율	분기별 실적성과급
110% 이상	기본급 월봉의 110%
120% 이상	기본급 월봉의 115%
120% 이상	기본급 월봉의 120%
125% 이상	기본급 월봉의 125%
130% 이상	기본급 월봉의 130%

제8조(실적성과급의 지급)

① 임원의 분기별 실적성과급은 매 분기 밀월 다음 달의 기본급 월봉의 지

급일에 지급한다.

② 신임 임원의 실적성과급은 근무한 날로부터 당 분기의 말일까지 일별계산하여 지급한다.

제9조(지급제한)

회사는 비상근이사, 비상근감사에게 실적성과급을 지급하지 아니한다.

제10조(보수계약의 준수)

임원의 보수계약은 이 규정을 준수하여 체결하여야 하며, 이 규정과 다른 내용의 보수계약은 이 규정의 내용으로 한다.

제11(규정의 개폐)

이 규정의 개정 및 폐지는 이사회의 결의로 한다.

> 이 규정의 개정 및 폐지는 주주총회의 결의로 한다.

〈 부 칙 〉

제1조(시행일)

이 규정은 ○○○○년 ○○월 ○○일부터 시행한다.

6절   임원경영성과급규정 작성과 예시

① 임원경영성과급규정 작성 개요

경영성과급 개요

임원의 경영성과급은 당기 또는 각 사업연도의 성과에 대하여 경영자인 임원에게 성과를 배분하는 상여금이다.

경영성과급 지급 대상

임원경영성과급의 지급 대상은 당기 또는 각 사업연도에 사업부문 성과를 발생한 1년 이상 근무한 임원을 지급 대상으로 한다. 경영성과급의 지급이 임원직무를 수행하는 동기부여 및 경영성과의 촉진에 있다면 성과 발생 사업 부문 임원을 지급 대상으로 하여야 한다.

구분	경영성과급 지급 대상 임원
직위별	• 회장, 사장, 부사장, 전무, 상무, 상무보
직위별	• 경영책임자 (회장, 사장, 부사장 등) • 조직책임자 (생산, 영업, 관리 등 본부장) • 직무책임자 (재무, 기술, 인사, 마케팅)

경영성과 계산기간

회사의 경영성과급 지급을 위한 경영성과 계산기간은 당기 또는 반기를 계산기간으로 한다.

- 당기 : 각 사업기 1년
- 반기 : 각 사업기의 6개월

🌑 경영성과급 평가항목

임원의 경영성과는 당기 또는 각 사업연도의 매출액, 영업이익 등을 평가하여 매년 12월 또는 다음 해 1월에 경영성과급을 지급하는 것이 일반적이다. 경영성과급 평가항목은 다음과 같다.

구분	경영성과급 평가항목
경영성과급	• 영업이익 • 매출액 • 신규사업실적 • 투자사업실적 • 기타실적

🌑 경영성과급 설계

경영성과급은 회사의 매출과 영업이익, 투자실적과 성과 등을 종합 평가하여 사전에 정한 목표 달성 등에 대한 지급률을 정하는 방법으로 설계한다.

경영성과급 설계요건을 요약하면 다음과 같다.

《 경영성과급 설계요건 》

구분	경영성과급 설계요건
평가 기간	1년 또는 각 사업기간
평가 방법	목표설정 → 달성률
평가 요소	생산량, 판매량, 매출액, 영업이익 등
성과급 지급률	달성률에 의한 지급률 책정
지급 시기	사업기 말월 또는 다음 달 등

② 임원경영성과급규정 작성 방법

➡ 작성 항목

임원의 경영성과급 규정의 작성 항목은 다음과 같다.

- 목적, 적용 범위
- 지급대상, 용어정의
- 경영성과급 구성, 산정기간
- 성과평가 기준, 성과계산 방법
- 지급방법, 지급제한, 지급시기
- 규정개폐, 시행일 등

➡ 통칙

임원 경영성과급 규정에 모두 적용하는 사항을 규정한다.

◉ 제정일 등

지급규정의 제정 및 개정일 등을 규정한다.

- (제정 : 2019.01.20.)
- (개정 : 2023.02.20.)

◉ 규정의 목적

지급규정의 목적을 규정한다.

- 규정 적용의 회사명
- 규정 적용의 임원
- 규정 적용의 경영성과급

◉ 적용의 범위 등

지급규정의 적용 범위와 대상을 규정한다.

- 등기임원

- 비등기임원

용어의 정의

지급규정의 용어를 정의한다.
- 임원의 정의
- 경영성과급의 정의
- 계산방법의 정의

본칙

임원경영성과급의 결정과 계산 및 지급방법, 경영성과급의 산정기간과 지급시기 및 승급(昇給)에 관한 사항 등을 규정한다.

경영성과급의 구분

임원 경영성과급의 종류를 규정한다.
- 경영부문 경영성과급
- 사업부문 경영성과급

산정기간

임원 경영성과급의 산정기간을 규정한다.
- 반기별 산정기간
- 사업기별 산정기간

경영성과급의 평가 등

임원 경영성과급의 평가기준과 지급률을 규정한다.
- 성과급 평가항목의 구성 및 기준
- 성과급 평가에 의한 지급률 책정

지급시기 등

임원 경영성과급의 지급시기 등을 규정한다.

- 반기별 경영성과급 사업기별 경영성과급의 지급시기를 결정한다.

보칙

추가사항

임원보수 계약의 지급규정의 준수 사항을 규정한다.

지급규정의 개폐

임원경영성과급규정의 개정 및 폐지는 주주총회 또는 이사회의 결의로 한다.

부칙

시행일

임원 경영성과급 규정의 시행일을 규정한다.

경과규정

임원경영성과급규정의 소급적용 및 경과규정을 규정한다.

❸ 임원경영성과급규정 작성예시

➲ 지급규정의 구성 체계

임원의 경영성과급 규정의 구성 체계는 다음과 같다.

《 임원 경영성과급 규정의 구성 》

총칙	통칙	목적
		적용 범위
		용어의 정의
		⇩
	본칙	경영성과급 구성
		경영성과급 산정
		경영성과급 지급
		⇩
	보칙	규정 개폐 등
		⇩
부칙	시행일 / 경과규정
별표	별표
서식	서식

임원경영성과급 지급규정

(제정 20 . .)

〈 총칙 〉

제1조(목적)

이 규정은 ○○주식회사(이하 "회사"라 한다) 임원의 경영성과급 지급기준 및 금액을 정함을 목적으로 한다.

제2조(적용 범위)

이 규정은 회사에 재임하는 임원에게 적용한다.

> 이 규정은 회사에 재임하는 이사와 감사에게 적용한다.

제3조(지급대상)

① 회사는 경영성과급을 회사에 상근하는 임원에게 지급한다.

② 회사는 경영성과급을 지급일 기준 재임하는 상근 임원에게 지급한다.

제4조(경영성과급의 구성)

임원의 경영성과급은 다음과 같이 구성한다.

1. 당기 경영성과급
2. 반기 경영성과급

제5조(경영성과의 평가)

① 전반기 경영성과 계산기간의 경영평가항목과 경영성과목표는 다음과 같다.

구분	경영평가항목	경영성과목표
전반기	매출액	80억원
	영업이익	8억원

② 후반기의 경영성과 계산기간의 경영평가항목과 경영성과목표는 다음과 같다.

구분	매출액	영업이익
후반기	매출액	120억원
	영업이익	12억원

③ 당기의 경영성과 계산기간의 경영평가항목과 경영성과목표는 다음과 같다.

구분	경영평가항목	경영성과목표
당기	매출액	200억원
	영업이익	20억원

제6조(경영부문 경영성과급)

① 경영부문 경영성과급은 제5조의 경영평가항목별 경영성과목표에 대한 달성률을 가중평균하여 다음의 경영성과 달성률에 대한 경영성과급 지급률로 계산한다.

대상	경영성과 달성률	경영성과급 지급률 (기본연봉기준)		
		전반기	후반기	당기
대표이사 전무이사 상무이사	120% 이상	5%	5%	10%
	130% 이상	10%	10%	20%
	140% 이상	15%	15%	30%

② 제1항의 경영성과급은 당해 기간 근속한 임원에게 지급한다. 다만, 신임 임원은 경영성과급 계산액을 재임기간으로 월할 계산한다.

제7조(조직부문 경영성과급)

① 조직부문 경영성과급은 제5조의 경영평가항목별 경영성과목표에 대한 달성률을 가중평균하여 다음의 경영성과 달성률에 대한 경영성과급 지급률로 계산한다.

대상	경영성과 달성률	경영성과급 지급률 (기본연봉기준)		
		전반기	후반기	당기
본부장 기술연구소장	120% 이상	5%	5%	10%
	130% 이상	10%	10%	20%
	140% 이상	15%	15%	30%

② 제1항의 경영성과급은 당해 기간 근속한 임원에게 지급한다. 다만, 신임 임원은 경영성과급 계산액을 재임기간으로 월할 계산한다.

제8조(경영성과급의 지급)

① 경영성과급은 통화 및 현금으로 임원명의 계좌로 지급한다.

② 전반기 경영성과급은 매년 7월 또는 8월의 말일까지 지급한다.

③ 후반기 경영성과급은 매년 12월 또는 다음 해 1월 또는 2월의 말일까지 지급한다.

④ 당기 경영성과급은 매년 12월 또는 다음 해 1월 또는 2월의 말일까지 지급한다.

제9조(지급의 제한)

① 비상무이사, 비상근감사에게는 경영성과급을 지급하지 아니한다.

② 전반기 또는 후반기 경영성과급을 지급한 경우 당기의 경영성과급을 지급하지 아니한다.

③ 회사는 대표이사의 결정으로 경영성과급을 감액이나 증액, 지급일을 변경하여 지급할 수 있다.

④ 회사는 경영성과급을 이사회의 결의로 지급하지 아니할 수 있다.

제10조(규정의 개폐)

이 규정의 개정 및 폐지는 이사회의 결의로 한다.

이 규정의 개정 및 폐지는 주주총회의 결의로 한다.

〈 부 칙 〉

제1조(시행일)

이 규정은 ○○○○년 ○○월 ○○일부터 시행한다.

7절　임원상여금규정 제정과 결의

① 임원상여금규정의 제정개요

임원상여금규정은 상법에서 정한 임원보수결정기준과 세법에서 정한 임원급여지급기준을 준수하여 제정하여야 한다. 다만, 근로자성 임원은 노동법상 임금기준을 준수하여 제정하여야 한다.

✦ 상법상 임원상여금

● 이사와 감사의 상여금

이사와 감사의 상여금은 정관·주주총회의 결의로 포괄보수 총액 및 한도액만을 정한 경우 주주총회 또는 주총위임으로 이사회의 결의로 임원상여금 또는 임원상여금지급규정에 의한 개별상여금을 정한다.

● 집행임원과 비등기임원의 상여금

집행임원과 비등기임원의 상여금은 정관·주주총회 또는 이사회의 결의로 포괄보수 총액과 한도액을 정한 경우 주주총회의 또는 이사회의 결의로 임원상여금 또는 임원상여금지급규정에 의한 개별상여금을 정한다.

✦ 노동법상 임원상여금

① 사용자 임원의 보수는 노동법상 근로자 임금의 적용 예외 대상이다.
② 근로자성 임원의 보수는 노동법상 임금 계산과 지급기준 등을 준수하여야 한다.

- 최저임금, 통상임금, 평균임금
- 시간외근무수당, 연차휴가수당 등
- 기타법정수당

세법상 임원상여금

급여지급기준

법인이 임원에게 지급하는 상여금 중 정관·주주총회 또는 이사회에서 결정된 급여지급기준을 초과하는 금액은 손금불산입 대상이다.

이사와 감사의 상여금

이사와 감사의 상여금은 정관 또는 정관의 위임으로 총회에서 포괄보수 최고한도액을 정한 경우 주주총회 또는 총회의 위임으로 이사회결의로 정한 임원상여금지급규정에 의한 인건비는 손금산입 대상이다.

집행임원과 비등기임원의 상여금

집행임원과 비등기임원의 상여금은 정관·주주총회 또는 이사회의결의로 포괄보수 최고한도액을 결정한 경우 주주총회 이시회의 결의로 정한 임원상여금지급규정에 의한 인건비는 손금산입 대상이다.

임원상여금규정의 종류

임원에게 지급하는 상여금의 계산 방법과 지급시기, 지급률 등에 관한 지급기준과 금액을 정한 임원상여금 지급규정의 종류는 다음과 같다.

구분	종류
임원상여금지급규정	• 임원 정기상여금 규정 • 임원 특별상여금 규정 • 임원 실적성과급 규정 • 임원 경영성과급 규정

② 임원상여금규정의 제정 절차

➡️ 이사·감사의 상여금지급규정

이사·감사의 개별보수 상여금은 정관이나 정관의 위임으로 주주총회에서 포괄보수 최고한도액을 결정한 경우 주주총회 또는 주총위임으로 이사회결의로 이사·감사의 구체적인 상여금의 지급기준을 임원상여금지급규정으로 제정하여 지급할 수 있다.

이사·감사의 임원상여금지급규정 제정 절차는 다음과 같다.

절차	결의사항	관련 규정
정관	• 이사, 감사의 보수결정의 주총결의 위임	• 정관
주주총회	• 이사, 감사의 포괄보수 총액 및 한도액	• 주총결의서
주주총회 (이사회)	• 임원상여금지급규정	• 주총결의서 • (이사회결의서)

➡️ 집행임원·비등기임원 임원상여금규정

집행임원·비등기임원의 개별보수 상여금은 주주총회 또는 이사회에서 포괄보수 최고한도액을 결정한 경우 주주총회 또는 이사회결의로 집행임원·비등기임원의 구체적인 상여금의 지급기준을 임원상여금지급규정으로 제정하여 지급할 수 있다.

집행임원·비등기임원의 임원상여금규정 제정 절차는 다음과 같다.

절차	결의사항	관련 규정
(주주총회) 이사회	• 집행임원, 비등기임원의 포괄보수 총액 및 한도액	• (주총결의서) • 이사회결의서
(주주총회) 이사회	• 임원상여금지급규정	• (주총결의서) • 이사회결의서

③ 임원상여금규정의 주총결의서 작성예시

임원상여금규정 제정의 주주총회결의서 작성을 예시하면 다음과 같다.

(임시) 주주총회의사록

코페하우스 주식회사는 정관에 의하여 주주총회를 소집하여 다음과 같이 의결하였다.

1. 소집

　1-1. 일시: 202x년 2월 20일, 오전 10:00시

　1-2. 장소: 서울특별시 강남구 테헤란로 1 코페하우스 본사 회의실

　1-3. 출석 주주 (의결권 있는 주주와 주식)

　　　－ 주주의 총수: 5명　　－ 발행주식의 총수: 200,000주

　　　－ 출석주주의 수: 5명　－ 출석주주의 주식 수: 200,000주

　(첨부1) 주주명부

2. 개회

정관에 의하여 대표이사 ○○○가 총회의 의장으로서 위와 같이 의결정족수 이상의 주주가 출석하여 총회소집이 적법하게 성립됨을 알리고 202x년 2월 20일 오전 10시 10분에 총회의 개회를 선언하다.

3. 의결

제1호 의안 : 임원상여금지급규정의 승인 건

의장은 임원의 개별상여금을 (첨부2) 임원상여금지급규정에 의하여 지급할 필요성을 설명하고 이를 의안으로 상정하여 심의 및 결의를 요청하여 출석주주 전원이 찬성하여 승인으로 가결하다.

　(첨부2) 임원상여금지급규정

4. 폐회

의장은 총회 안건을 모두 심의 및 결의하였음을 알리고 202x 년 2월 20일 오전 11시 00분에 주주총회의 폐회를 선언하다.

위와 같이 총회의 경과요령에 대한 의사록을 작성하고 의장과 이사가 서명 또는 기명날인으로 증명한다.

(첨부1) 주주명부
(첨부2) 임원상여금지급규정

202x년 2월 20일
(회사명) 코페하우스 주식회사
(소재지) 서울특별시 강남구 테헤란로 1
(대표이사)　　　　　　　(인)
(사내이사)　　　　　　　(인)
(사내이사)　　　　　　　(인)

❹ 임원상여금규정의 이사회결의서 작성예시

이사회의사록

코페하우스 주식회사는 정관에 의하여 이사회를 소집하여 다음과 같이 의결하였다.

1. 소집
    1-1. 일시: 202×년 2월 10일, 오전 10시:00분
    1-2. 장소: 서울특별시 강남구 테헤란로 1 코페하우스 본사 회의실
    1-3. 출석: 이사, 감사
        - 이사의 수: 3명   - 출석이사: 3명
        - 감사의 수: 1명   - 출석감사: 1명
    (첨부1) 이사회명부

2. 개회
정관에 의하여 대표이사 ○○○이 이사회 의장으로서 등단하여 의결정족수 이사의 출석으로 이사회가 적법하게 성립됨을 알리고 202 년 2월 10일 오전 10시 10분에 이사회의 개회를 선언하다.

3. 의결
제1호 의안 : 임원상여금규정 승인 건
의장은 임원상여금의 지급기준 및 금액을 정한 (첨부2) 임원상여금지급규정에 의하여 지급함을 설명하고 이를 의안으로 상정하여 심의 및 결의를 요청하여 출석이사 전원이 찬성하여 승인으로 가결하다.
    (첨부2) 임원상여금지급규정

4. 폐회
의장은 위와 같이 이사회의 안건을 모두 심의 및 결의하였음으로 총회의

종료를 알리고 오전 11시:00분에 이사회의 폐회를 선언하다.

위와 같이 이사회 의결을 명확히 하기 위하여 경과요령에 대한 의사록을 작성하고 의장과 이사, 감사가 서명 또는 기명날인으로 증명한다.

(첨부1) 이사회명부

(첨부2) 임원상여금지급규정

202×년 2월 10일

(회 사 명) 코페하우스 주식회사

(소 재 지) 서울특별시 강남구 테헤란로 1

(대표이사)		(인)
(사내이사)		(인)
(사내이사)		(인)
(감　　사)		(인)

5장

임원퇴직금과 지급규정 작성과 관리

임원퇴직금 지급규정은?

왜? 임원퇴직금규정이 필요한가?
정관의 규정에 의한 임원퇴직금규정은?
주주총회의 결의에 의한 임원퇴직금규정은?
이사회의의 결의에 의한 임원퇴직금규정은?
손금기준의 임원퇴직금규정은?
임원퇴직금규정의 설계·작성·제정은?

이에 관하여
「5장 임원퇴직금과 지급규정 작성과 관리」에서 명확히 제시한다.

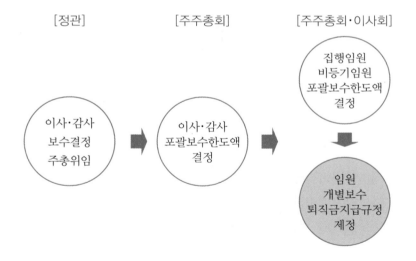

① 상법상 임원퇴직금의 결정기준

상법은 임원의 퇴직금에 관하여 정함이 없다. 또한, 임원보수와 별도로 정함을 규정하고 있지 않다. 상법상 임원의 퇴직금은 임원보수에 포함하는 보수의 일부이다.

> • 상법상 임원의 퇴직금은 임원 보수의 일부이다.

임원퇴직금의 보수 여부

주식회사의 이사, 감사 등 임원은 회사로부터 일정한 사무처리의 위임을 받아 집행하는 것이므로, 임원에게 지급한 퇴직금은 근로기준법 소정의 퇴직금이 아니라 재직 중의 직무집행에 대한 대가로 지급되는 보수에 불과하다. (대법원 2003.9.26. 2002다64681)

당기 또는 각 사업연도의 임원보수를 결정할 때 임원보수결정액에 포함하는 소득을 요약하면 다음과 같다.

《 임원의 보수와 소득 》

구분	임원의 소득 구분	
임원의 보수	근로소득	급여
		상여
		주식매수선택권 행사이익
		기타 근로소득
	퇴직소득	
	기타소득	

임원퇴직금의 결정

임원퇴직금의 한도

상법상 임원퇴직금은 정관 또는 주주총회에서 결정하는 임원포괄보수 총액 및 한도액에 포함하는 급여로 임원보수결정액 이내의 금액으로 한다.

정관의 임원퇴직금 직접규정

정관에 임원의 포괄보수 최고한도액을 결정한 경우, 임원의 개별보수 퇴직금을 정관에 직접 규정할 수 있다. 다만, 정관에 정한 포괄보수 한도액 이내로 개별보수 퇴직금의 계산기준 및 금액을 규정하여야 한다.

정관
임원의 각 사업연도 포괄보수 한도액 결정

➡

정관
임원의 각 사업연도 개별보수 퇴직금 결정

정관의 임원퇴직금 위임규정

정관에 임원의 퇴직금 결정을 주주총회 또는 이사회의 결의로 위임을 규정할 수 있다. 주주총회에서 포괄보수 최고한도액을 정한 경우 그 포괄보수 한도액 이내에서 주주총회 또는 이사회의 결의로 임원퇴직금을 정할 수 있다.

- 임원의 퇴직금은 주주총회 또는 이사회의 결의로 정한 〈임원퇴직금지급규정〉에 의한다.

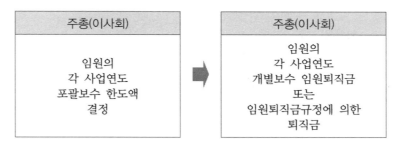

주총(이사회)
임원의 각 사업연도 포괄보수 한도액 결정

➡

주총(이사회)
임원의 각 사업연도 개별보수 임원퇴직금 또는 임원퇴직금규정에 의한 퇴직금

② 노동법상 임원퇴직금의 급여기준

🌐 사용자 임원의 퇴직금 여부

노동법상 사용자 임원의 퇴직금에 관하여 정함이 없으며 관련 판례 및 행정해석에 의하여 법정 지급을 강제하고 있지 않다.

> • 노동법은 사용자 임원의 퇴직금에 관하여 정함이 없다.

🌑 임원퇴직금의 보수 여부

이사 등 임원에게 보수와 퇴직금을 지급하는 경우 근로기준법 소정의 임금과 퇴직금이 아니라 재직 중의 직무집행에 대한 대가로 지급되는 보수의 일종이다. (대법2001.02.23.2000다61312)

🌑 사용자 임원의 퇴직금 지급

사용자 임원에게 퇴직금을 지급하기 위해서는 회사와 임원은 지급규정 및 지급계약 등에 의하여 퇴직금의 지급 여부를 결정할 수 있다.

- 임원보수규정에 의한 퇴직금의 지급
- 임원퇴직금규정에 의한 퇴직금의 지급
- 임원보수계약에 의한 퇴직금의 지급

다만, 임원계약 및 보수계약에 의하여 임원퇴직금을 지급하는 경우에는 동일한 퇴직금 지급률을 적용하여야 계약을 체결하여야 한다. 개별계약에 의한 차등지급하는 경우 최저금액을 초과하는 금액과 지급규정이 없는 경우의 퇴직금을 초과하는 금액은 손금불산입 대상으로 본다.

> • 지급규정 없이 계약에 의한 퇴직금의 지급은 손금산입의 제한이 있을 수 있다.

➡️ 근로자성 임원의 퇴직금 여부

> • 근로자로 보는 임원은 노동법의 근로자 퇴직금 지급 대상으로 본다.

근로자성 임원은 사용종속관계로 근로자로 노동법상의 퇴직금 지급 의무 대상으로 판례와 행정해석으로 판단한다. 근로자성 임원이란 사용자의 지시를 받아 근로자의 직무를 수행하는 명목상 임원을 말한다.

- 사용자의 지시로 근로하는 임원
- 근로자의 직무를 수행하는 임원
- 출근과 퇴근 등 근무시간을 통제받는 임원
- 근로계약 및 취업규칙을 적용받는 임원

🔘 명칭만 임원인 경우

명칭만 이사와 감사일 뿐 사용자와 여전히 고용 및 종속 관계를 유지하고 있는 등 사실상 근로기준법상의 근로자에 해당하는 경우에는 이사로서 퇴직한 날을 기준으로 퇴직금 지급청구권이 발생하고, 이날부터 소멸시효가 기산된다(2001.11.27, 임금 68200-814).

➡️ 근로자 퇴직급여제도

🔘 퇴직금 지급 대상

회사는 1년 이상 계속 근로자에게 퇴직 시 계속근로기간 1년에 대하여 30일분 이상의 평균임금을 퇴직금으로 지급하여야 한다. 다만, 계속근로기간이 1년 미만인 근로자, 4주간을 평균하여 1주간의 소정근로시간이 15시간 미만인 근로자는 제외한다(근퇴법 제4조).

- 지급 대상 : 1년 이상 계속 근로자

🔘 퇴직급여제도

사용자는 퇴직하는 근로자에게 급여를 지급하기 위하여 퇴직급여제도 중

하나 이상의 제도를 설정하여야 한다. 다만, 계속근로기간이 1년 미만인 근로자, 4주간을 평균하여 1주간의 소정근로시간이 15시간 미만인 근로자에 대하여는 그러하지 아니하다. (근퇴법§4)

회사는 1년 이상 계속 근로자에게 퇴직 시 퇴직금을 지급하기 위하여 다음 중 하나 이상의 퇴직급여제도를 설정하여야 한다.

- 확정급여형 퇴직연금제도
- 확정기여형 퇴직연금제도
- 퇴직충당금설정 퇴직금제도

◐ 퇴직금의 계산

계속근로기간 1년에 대하여 30일분 이상의 평균임금을 퇴직금으로 지급하여야 한다. 평균임금은 퇴직 전 3개월 급여총액을 30일로 평균한 임금을 말한다(근퇴법 제8조).

> 근로자 퇴직금 = 퇴직 전 30일 평균임금 × 근속연수

◐ 퇴직금의 지급

회사는 근로자가 퇴직한 경우에는 그 지급 사유가 발생한 날부터 14일 이내에 퇴직금을 지급하여야 한다. 다만, 특별한 사정이 있는 경우에는 당사자 간의 합의에 따라 지급기일을 연장할 수 있다(근퇴법 제9조).

③ 세법상 임원퇴직금의 지급기준

임원퇴직금의 손금기준

정관에 정한 임원퇴직금 등

임원의 퇴직금은 정관에 퇴직급여로 지급할 금액이 정하여진 경우 또는 임원의 퇴직급여를 계산할 수 있는 기준이 기재된 경우는 정관에 정하여진 금액 및 계산기준을 초과하는 금액은 손금에 산입하지 아니한다. (법영§44 ④,⑤)

구분	정관상 임원퇴직금규정
정관의 임원퇴직금	• 정관에 정한 임원의 퇴직급여로 정한 금액 • 정관에 정한 임원의 퇴직급여 계산기준에 의한 금액

주총결의로 정한 임원퇴직금 등

임원퇴직금규정은 정관에서 위임된 퇴직급여지급규정이 따로 있는 경우에는 해당 규정에 의한 금액을 초과하는 금액은 손금에 산입하지 아니한다. (법영§44⑤)

정관에서 위임된 퇴직급여지급규정이란 판례 및 행정해석 등에 의하여 주주총회의 결의로 정한 임원퇴직금규정을 말한다.

구분	주총결의 임원퇴직금규정 요건
주총결의 임원퇴직금	• 정관에서 위임된 임원퇴직금규정 • 정관의 위임으로 주총결의로 정한 임원퇴직금규정

이사회 결의 임원퇴직금 등

이사회결의로 정한 임원퇴직금 또는 임원퇴직금규정에 의한 퇴직금의 경

우

임원이 퇴직하는 날부터 소급하여 1년 동안 해당 임원에게 지급한 총급여액의 10분의 1에 상당하는 금액에 근속연수를 곱한 금액을 초과하는 금액은 손금에 산입하지 아니한다(법영§44④2).

구분	이사회 결의 임원퇴직금
이사회 결의 임원퇴직금	• 퇴직 전 1년간 총급여의 10% × 근속연수 = 퇴직금액 내

◑ 정관의 위임으로 이사회결의로 정한 임원퇴직금액

임원에게 지급할 퇴직급여에 관한 기준 또는 규정을 이사회에서 정하도록 정관에서 포괄적으로 위임하고 있는 법인이 이사회의 결의에 의하여 임원퇴직급여액을 일시적 또는 일회적으로 정할 수 있는 경우,

퇴직 전 1년간 총급여의 10% × 근속연수에 의한 금액을 한도로 손금산입한다. (법인-1226, 2009.11.05)

① 이사회결의로 임원퇴직금규정을 제정한 경우

➡ 정관에 이사회결의로 정한 임원퇴직금규정에 의하여 임원퇴직금을 지급하는 경우

▷ 법인의 정관에는 "임원퇴직금에 대하여는 이사회에서 정한 규정에 의한 다"고 규정하고 있는데 회사가 이사회에서 정하고 그 규정에 따라 임원퇴 직 시 퇴직금을 지급하고 있음 이 경우 퇴직금의 손금산입 범위 여부

▷ 귀 질의의 경우 법인이 임원의 퇴직금을 지급함에 있어서 정관의 위임에 따라 주주총회에서 정한 퇴직금지급규정에 의하여 지급한 퇴직금은 법인 세법 시행령 제44조3항1호의 규정에 의하여 정관에 정하여진 금액으로 보아 손금산입하는 것이나, 정관의 위임에 따라 이사회에서 정한 퇴직금 지급규정에 의하여 지급한 퇴직금은 같은령 같은조 같은 항 제2호의 규 정*에 의하여 계산한 한도액 내에서 손금산입하는 것임. (서면2팀 -2064(2004.10.11.)

 • 신)제44조4항2호 : 퇴직 전 1년간 총급여의 10분의 1에 근속연수를 곱한 금액

➡ 정관에 이사회결의로 위임하고 임원퇴직금규정을 개정하는 경우

▷ 정관에 임원퇴직금에 대해서는 이사회에 위임한다고 되어있으며, 이사회 를 통하여 임원퇴직금규정을 변경한 경우 이사회에서 정한 임원퇴직금 규정이 정관에 의한 퇴직급여지급규정에 해당되는지 여부

▷ 귀 질의의 경우 임원에게 지급할 퇴직급여에 관한 기준 또는 규정을 이 사회에서 정하도록 정관에서 포괄적으로 위임하고 있는 법인이 이사회의

결의에 의하여 임원퇴직급여액을 일시적 또는 일회적으로 정할 수 있는 경우, 이에 따라 퇴직 임원에게 지급한 퇴직급여는 법인세법 시행령 제44조4항1호의 규정을 적용하지 아니하고 법인세법 시행령 제44조4항2호에서 정하는 금액을 한도로 손금산입하는 것임. (법인-1226, 2009.11.05)

- 법인세법 시행령 제44조4항2호 : 퇴직 전 1년간 총급여의 10분의 1에 근속연수를 곱한 금액

⊕ 정관에 임원퇴직금규정을 별도로 정한다고 규정하고, 이사회에서 정하여 시행하는 경우

▷ 회사는 정관에 "이사 및 감사의 퇴직금은 별도로 정하는 임원퇴직금규정에 의한다"라고 규정하고 있으며, 당사가 정관에서 위임된 "임원퇴직금규정"을 이사회에서 따로 정하여 두고 이에 따라 퇴직금을 지급한다면 법인세법 시행령 제44조 및 상기 해석기준에 위배되는 지 여부

▷ 귀 질의의 경우 정관에서 위임되었다 하더라도 그 위임에 의하여 이사회에서 결의한 퇴직급여 규정은 정관에서 위임된 퇴직급여 규정으로 보지 않으며, 동 퇴직급여 규정을 정관 또는 정관의 위임으로 주주총회의 의결을 거친 임원퇴직급여지급규정이어야 함 (법인 22601-2066, 1985.7.10)

⊕ 정관에 퇴직금 한도액을 정하고 이사회에서 임원별로 퇴직급여를 정할 경우

▷ 정관에 임원별 퇴직급여 한도액을 정하고 이사회에서 임원별 퇴직급여를 정할 경우 법인세 시행령 제44조제4항에 따라 정관에 퇴직급여로 지급할 금액이 정하여진 것으로 볼 수 있는지 여부

▷ 귀 질의의 경우 내국법인이 개별 임원별 퇴직급여 한도액을 정관에 정하되 근속기간, 재임 시 성과 및 임원 취임 시 약정내용 등을 감안하여 이사회에서 개별 임원별 퇴직급여를 정하는 경우에는 법인세법 시행령 제

44조 4항 1호의 정관에 퇴직급여로 지급할 금액이 정하여진 경우에 해당하지 아니하는 것임. (법인세과-580, 2010.6.25)

- 법인세법 시행령 제44조4항1호 : 정관에 퇴직급여로 지급할 금액이 정하여진 경우에는 정관에 정하여진 금액

② 주총에서 임원퇴직금규정을 이사회로 위임한 경우

주주총회에서 이사회에 위임한 경우

▶ 정관에 "주주총회 의결을 거친 임원퇴직금규정에 의한다"고 규정하고, 정기주주총회에서 임원퇴직금규정을 이사회에 위임할 것을 만장일치로 가결하여 동일자로 이사회에서 임원퇴직금규정을 정하여 퇴직금을 지급한 경우 손금 범위 여부

▶ 귀 질의의 경우 정관에서 임원퇴직금의 지급을 "주주총회의 의결을 거친 임원퇴직금규정"에 의하도록 한 법인이 퇴직하는 임원에게 퇴직금을 지급함에 있어서 이사회에서 정한 임원퇴직금규정에 의하여 지급하는 경우에는 법인세법 시행령 제34조제2항제2호에서 정하는 금액을 한도로 손금에 산입하는 것이며, 이 경우 한도를 초과함으로써 손금불산입한 금액은 이를 그 임원에 대한 상여로 처분하는 것임. (법인46012-3548(1998.11.19)

- 신) 법인세법 시행령 제44조2항2호 : 퇴직 전 1년간 총급여의 10분의 1에 근속연수를 곱한 금액

❸ 정관에 의한 별도의 임원퇴직금규정의 경우

➡ 별도의 임원퇴직금규정에 의하여 퇴직금을 지급하는 경우

▷ 법인이 정관에 "별도의 퇴직금지급규정에 의한다"라고 정하고 정관의 위임이나 주총결의 없이 법인이 임원에게 퇴직금을 지급하면서 정관에 퇴직금지급규정에 대한 구체적인 위임사항을 규정하지 아니하고 "별도의 퇴직금지급규정에 의한다"라고만 규정하여 특정 임원의 퇴직 시 동 규정을 변경·지급할 수 있는 경우에는 법인세법 시행령 제44조 제4항의 경우에 해당하지 아니하는 것임. (법인46012-405, 2001.02.21)

● 유의사항

- 정관에 정한 임원퇴직금에 해당하지 않음
- 정관에서 위임한 임원퇴직금규정에 해당하지 않음
- 임원퇴직금이 "퇴직 전 총급여의 10% × 근속연수"를 초과하는 금액은 손금으로 산입하지 않음

❹ 정관에 임원퇴직금 및 위임에 관한 정함이 없는 경우

➡ 정관에 특정 임원에 대한 퇴직금 손금 산입 여부

▷ 정관에 임원퇴직금에 관한 정함이 없이 지급하는 퇴직금 손금 산입 여부

▷ 귀 질의의 경우 내국법인이 임원에게 퇴직급여(퇴직위로금 등 포함)로 지급할 금액을 정관에 정하지 않은 경우에는 법인세법 시행령 제44조 4항 2호에 해당하는 금액을 초과하여 지급한 퇴직급여는 손금에 산입하지 아니하는 것임 (서면-2016-법인-6119(2017.05.26)

- 법인세법 시행령 제44조 2항 2호 : 퇴직 전 1년간 총급여의 10분의 1에 근속연수를 곱한 금액

💬 정관에 임원퇴직금규정이 없는 경우 퇴직급여 한도액은?

▶ 정관에 퇴직급여지급기준이 없는 경우 임원에 대한 퇴직급여 한도액은?

▶ 귀 질의의 경우, 정관(정관에서 위임된 규정 포함)에 퇴직급여지급기준을 정하지 아니한 내국법인이 임원에게 지급하는 퇴직급여(퇴직위로금·퇴직공로금 포함)는 법인세법 시행령 제44조 4항 2호에 따른 한도액 범위 내에서 손금에 산입되는 퇴직급여에 해당하는 것이나, 법인세법 시행령 제44조 4항 2호에 따라 계산한 임원퇴직금한도액을 초과하는 금액은 소득세법 시행령 제38조 제1항(2013.2.15. 대통령령 제24356호로 개정된 것)에 따라 근로소득에 해당하는 것임.

- (서면-2015-법령해석법인-1936, 2015.12.18)
- 법인세법 시행령 제44조2항2호 : 퇴직 전 1년간 총급여의 10분의 1에 근속연수를 곱한 금액

❺ 특정임원의 차별적 지급률의 임원퇴직금규정의 경우

◐ 개인별 또는 특정 임원만 퇴직금 지급률이 높은 경우

▷ 법인의 퇴직급여지급규정이 불특정 다수를 대상으로 지급배수를 정하지 아니하고 개인별로 지급배수를 정하는 경우에는 법인세법 시행령 제44조 제4항에서 규정하는 정관에서 위임된 퇴직급여지급규정으로 볼 수 없는 것이며,

▷ 특수관계자인 특정 임원에게만 정당한 사유없이 지급배수를 차별적으로 높게 정하는 경우에는 법인세법 제52조의 부당행위계산 부인규정이 적용되는 것임

 • (법인세과-450, 2010.5.14., 137-2010.2.10).

◐ 특정인 인명으로 차별적 적용한 임원퇴직금규정

▷ 임원퇴직금규정을 특정인별로 규정하는 경우 특수관계자인 특정 임원에게만 정당한 사유없이 지급배수를 차별적으로 높게 정하는 경우에는 법인세법 제52조의 부당행위계산 부인규정이 적용되는 것임(서이 46012-11540, 2003.08.25, 법인46012-492, 2003.8.19).

◐ 주주 임원만 지급하는 임원퇴직금규정

▷ 회사에 3인의 임원(사장, 이사, 감사)이 있는 법인이 주주인 임원 2인(사장, 이사)에 대하여만 퇴직급여지급규정을 두면서 주주인 사장과 주주인 이사에게 지급 배수를 각각 다르게 정한 임원퇴직금규정은 정관에서 위임된 적정한 임원퇴직급여지급규정으로 보지 않는다(재법인-570, 2010.7.2).

◐ 검토사항

 • 임원퇴직금규정을 제정할 때 불특정 다수 임원을 대상으로 차별적이지

않은 지급 대상 또는 지급률 등의 정함을 원칙으로 한다.

- 다만, 직위별 또는 상근기준 근속기간별 등 불특정 다수 임원을 대상으로 한 직무별 차등지급기준을 명확하게 규정하여 정당성을 확보한 규정이어야 한다.

⑥ 개정된 임원퇴직금규정의 적용 여부

🔸 임원이 퇴직하기 직전에 퇴직금규정을 개정한 경우

▷ 임원이 퇴직하기 직전에 정관에서 위임한 주주총회 결의로 임원퇴직급여 지급규정을 개정한 경우에 특정인만을 위한 개정이면 부당행위계산에 해당하나, 불특정 다수를 위한 개정이면 개정 이후 퇴직하는 임원에 대하여 개정된 규정을 적용한다(법인세과 461-2010.5.19).

🔸 개정 임원퇴직금규정의 근속기간 적용 여부

▷ 임원퇴직금규정 개정 규정이 개정된 이후 근속연수에만 적용되는지 전체 근속연수의 적용 여부는 임원이 퇴직하기 전에 규정을 개정한 경우에 당해 규정의 개정 전까지의 근속기간에 대하여도 개정된 규정을 적용할 수 있는 것임(서이46012-11540, 2003.08.25.)

🔸 퇴직할 때마다 지급기준이 변경되는 임원퇴직금규정

▷ 퇴직 임원에 대한 사원의 평가에 따라 지급금액이 달라지는 등 임원이 퇴직할 때마다 그 지급기준이 달라지는 것으로 볼 수 있는 규정이라면 일반적으로 적용되는 퇴직금지급규정이라고 보기 어려움(서면-2017-법인-0214, 2017.05.26.)

⊕ 회사재정 상태에 따라 지급기준을 정하는 임원 퇴직금

▶ 임원이 퇴직할 때마다 법인의 재정 형편을 감안하여 퇴직금을 감액하거나 퇴직 임원에 대한 사원의 평가에 따라 지급금액이 달라지는 등 임원이 퇴직할 때마다 그 지급기준이 달라지는 규정이라면 일반적으로 적용되는 법인세 시행령 제44조 제4항의 규정에 의한 퇴직금지급규정으로 볼 수 없다(서면2팀-1754, 2004.08.23).

7 임원이 퇴직연금에 가입하는 경우

➡ 임원의 퇴직연금 가입은 의무 사항인가?

▷ 사용자는 근로자퇴직급여보장법(근퇴법) 제2조 1호의 규정에 의한 근로자에 대해서는 의무적으로 퇴직급여제도(퇴직금제 또는 퇴직연금제)를 설정하여야 하나, 그 이외의 자에 대해서는 설정할 의무는 없음.

▷ 그러므로 근로자가 아닌 임원에 대하여 퇴직연금 적용대상으로 할지 여부는 사업장별로 자유로이 정할 수 있을 것이나, 근로자가 아닌 임원이 퇴직연금에 가입할 경우 근퇴법 제12조 및 제13조의 규정에 의하여 작성하는 퇴직연금규약에 근로자가 아닌 임원을 당해 퇴직연금의 가입자로 한다는 것을 명시하여야 하며, 근로자가 아닌 임원에 대하여 별도의 퇴직연금규약을 작성하여 신고해야 하는 것은 아님. (고용부 퇴직급여보장팀 -846, 2006.03.16)

⚙ 검토사항

- 확정기여(DC)형 퇴직연금 : 임원 퇴직연금계좌로 부담금 불입
- 확정급여형(DB)형 퇴직연금 : 회사 퇴직연금계좌로 부담금 불입

➡ 임원의 퇴직금을 확정기여형 퇴직연금으로 지급하는 경우

▷ 내국법인이 임원의 퇴직을 연금지급사유로 하고 임원을 수급자로 하는 확정기여형 퇴직연금의 사업자부담금으로 지출하는 금액은 법인세법 시행령 제44조의2 규정에 의하여 당해 사업연도의 소득금액 계산에서 이를 손금에 산입하는 것임 (법인세과-2320, 2008.09.04, 서면2팀-16, 2007.01.04)

➡ 임원의 상여금을 확정기여형 퇴직연금으로 추가 지급하는 경우

▷ 확정기여형 퇴직연금제도를 설정한 법인이 퇴직연금규약에 따라 임원 및

사용인의 상여금(법영 제43조 1항 내지 3항에 따른 상여금 제외) 중 일부 또는 전부를 사용자 부담금으로 확정기여형 퇴직연금에 추가하여 지출하는 경우 전액 손금에 산입하는 것임. (서면법규과-883, 2014.08.14)

🔵 임원의 경영성과급을 확정기여형 퇴직연금으로 지급하는 경우

▷ 확정기여형 퇴직연금제도를 설정한 내국법인이 근로자와 합의한 퇴직연금규약에 따라 임원 또는 사용인의 경영성과급 중 일부 또는 전부를 사용자 부담금으로 확정기여형 퇴직연금에 추가하여 납입하는 경우 (2015.2.3. 이후 적립하는 분부터는 소득세법 시행령 제38조 제2항에 따라 적립하는 경우에 한정), 해당 부담금은 전액 손금에 산입하는 것임. (서면-21432, 2015.06.29)

🔵 확정기여형 퇴직연금 부담액이 정관 등의 퇴직금액을 초과하는 경우

▷ 임원의 근속연수에 따라 퇴직금액을 차등규정한 임원퇴직급여규정에 따라 확정기여형 퇴직연금으로 지출하는 퇴직금 부담액이 정관 또는 주총 결의로 정한 퇴직급여액을 초과하는 금액은 손금산입되지 않음. (법인세과-618, 2009.5.25)

❽ 급여 없이 임원에게 퇴직금을 지급하는 경우

➡ 급여 없이 임원에게 임원퇴직금규정에 따른 퇴직금

급여를 지급하지 않은 임원에게 주주총회에서 의결된 임원퇴직급여지급규정(급여 없이 매년 일정 금액을 적립하여 퇴직 시 지급)에 따라 퇴직금을 지급하는 경우 소득구분은 "주주총회 의결 지급규정 의결내용 등이 정당한 경우" 한하여 퇴직소득에 해당하며, 이에 해당하는지는 사실 판단 사항임. (원천세과-2428, 2008.11.05)

➡ 무보수근무기간을 규정한 임원퇴직금규정 타당성 여부

▷ 다음과 같이 임원퇴직금규정에 무보수 계산기간을 규정하고 이사 퇴직급여의 계산 및 손금 적용 여부

> 퇴직금 = 퇴직일(무보수로 근무한 기간이 있는 경우 그 기간을 제외하고 무보수로 근무하기 직전) 직전 3년 평균 연간 총급여액 × 1/10 × 재직연수 × 3 (지급배수)

- 근속연수를 무보수로 근무한 기간 포함 가능 여부
- 보수 기준액을 무보수로 근무한 기간을 제외하고, 무보수직전 3년 평균 연간 총급여액을 적용 가능한지 여부

▷ 귀하의 질의 경우 무보수 근무기간을 제외한 전·후 기간의 총급여액 규모 등 사실관계가 불분명하여 정확하게 회신할 수 없으나, 내국법인이 정관의 위임에 따라 주주총회에서 임원에 대한 퇴직급여지급기준을 정한 경우 「법인세법 시행령」 제44조제5항에 따른 정관에서 위임된 퇴직급여지급규정에 해당하는지 여부는

▷ 정관에서 위임된 퇴직금지급규정은 당해 위임에 의한 임원퇴직금지급규정의 의결내용 등이 정당하고, 특정 임원의 퇴직 시마다 퇴직금을 지급할 수 없는 일반적이고 구체적인 기준을 말하는 것으로, 당해 지급규정의 내용에 따라 임원퇴직 시마다 계속·반복적으로 적용하여 온 규정이어야

함. (서면-2017-법인-0434, 2017.05.26)

⑨ 경영상 및 조기퇴직 등으로 지급하는 퇴직위로금의 경우

경영상 문제로 희망퇴직규정에 따른 퇴직위로금

▷ 법인이 경영상의 문제로 희망퇴직 직원에 관해 퇴직금지급규정에서 위임된 희망퇴직규정에 따라 지급한 퇴직위로금은 퇴직소득임. (원천세과-2916, 2008.12.17)

검토사항

• 경영상의 문제로 퇴직하는 임원에게 정관 등 퇴직금규정에의하여 지급하는 퇴직위로금은 손금산입 대상이다.

조기퇴직으로 지급하는 명예퇴직금

▷ 내국법인이 일부 사업의 중단에 따라 우발적으로 퇴직하게 되는 임원 및 사용인에게 퇴직급여지급규정에 따라 명예퇴직금을 지급하는 경우, 퇴직급여지급규정·취업규칙 또는 노사합의에 의하여 지급받는 퇴직수당·퇴직위로금 기타 이와 유사한 성질의 급여는 퇴직금에 해당됨. (서면2팀-633, 2005.05.02)

검토사항

• 사업중단으로 퇴직하는 임원에게 정관 등 퇴직금규정에 의하여 지급하는 명예퇴직금은 손금산입 대상이다.

이사회의 결의로 지급하는 퇴직위로금

▷ 특정 임원이 회사의 사임 권유에 의해 퇴직하는 경우 이사회의 결의(퇴직금지급규정에서 위임)로 지급받는 퇴직위로금은 근로소득에 해당함. (원천세과-2826, 2008.12.12)

- 퇴직금 외 이사회 결의 퇴직위로금 : 손금불산입

이사회의 결의로 추가 지급하는 퇴직위로금

▷ 법인이 임원에게 지급하는 퇴직금 중, 정관 및 퇴직급여지급규정의 지급 기준에 의한 퇴직금 외에 이사회의 결의에 따라 추가로 지급하는 퇴직위로금은 손금에 산입하지 아니하고 임원에 대한 상여로 처분하는 것임. (제도46011-12571, 2001.08.07)

- 퇴직금 외 추가지급 퇴직위로금 : 손금불산입

공로를 인정하여 이사회의 결의로 지급하는 퇴직위로금

▷ 재임 중 특별한 공로가 있다고 인정되는 임원에 대하여 이사회의 결의에 의해 지급하는 퇴직위로금 등은 당해 임원에 대한 상여에 해당하여 근로소득에 해당하는 것임. (서면1팀-1515, 2005.12.09)

- 퇴직금 외 공로금의 퇴직위로금 : 손금불산입

3절　연봉제 조건 퇴직금 정산 후 재도입 방법

❶ 임원퇴직금 정산 후 재도입 개요

➡ 연봉제 조건의 임원퇴직금을 정산한 경우

2015.12.31. 이전 법인세 법령에 의하여 법인이 임원에 대한 급여를 연봉제로 전환하면서 향후 퇴직금을 지급하지 아니하는 조건으로 그때까지의 퇴직금을 정산하여 지급한 경우를 말한다. (법영44④, 2015.12.31.)

2016.1.1.부터 법령의 개정으로 정기급여제도를 연봉제로 전환하는 조건으로 퇴직금을 정산할 수 없게 됨에 따라 많은 중소기업의 임원이 연봉제 전환조건으로 퇴직급여를 정산하였다.

연봉제 전환조건으로 임원퇴직금을 정산 신청한 요건을 요약하면 다음과 같다.

《 2015.12.31. 이전 연봉제 전환의 임원퇴직금 정산요건 》

임원퇴직금	임원급여제도
정산 전	• 일반급여제도 적용 • 퇴직급여 적용
정산 신청	• 퇴직금이 없는 연봉제(퇴직금액 포함된)로 전환신청 • 퇴직급여 비적용
정산 후	• 연봉제(퇴직금액 포함) 적용 • 퇴직급여 비적용

❷ 중간정산 퇴직금의 유의사항

2015.12.31. 이전 법인세법상 앞으로 퇴직금을 지급하지 않는 조건으로 급여제도를 연봉제로 전환하여 퇴직금을 중간정산 한 경우 다음에 해당하는

것은 법인의 업무와 무관한 가지급금에 해당하여 중간정산 퇴직금을 손금에 산입할 수 없다.

① 퇴직금이 포함된 연봉제 시행 중에 연봉제로 전환하여 퇴직금을 중간정산 한 경우
② 퇴직금을 지급하는 연봉제로 전환하여 퇴직금을 중간정산 한 경우
③ 퇴직금을 없는 임원보수체계에서 연봉제로 전환하여 퇴직금을 중간정산 한 경우

🔅 퇴직금 정산 후 임원퇴직금을 재도입하는 경우

연봉제 조건으로 퇴직금을 정산한 기업과 임원은 퇴직금 지급을 재신청하는 경우 급여제도를 연봉제에서 퇴직금을 포함하지 않은 급여제도로 전환하여야 한다.

퇴직금 정산 후 임원퇴직금 재도입을 위한 요건을 요약하면 다음과 같다.

《 2015.12.31. 이전 퇴직금 정산 후 퇴직금 재도입 요건 》

임원퇴직금	임원급여제도
재도입 전	• 퇴직금액이 포함된 연봉제 시행 중 • 퇴직급여 없음
재도입 신청	• 연봉제 비적용 신청 • 퇴직금액이 포함되지 않은 급여제도 신청 • 퇴직급여규정 적용대상 신청
재도입 후	• 퇴직금액이 포함되지 않은 정기급여제도 시행 • 퇴직급여규정 적용

🔵 임원퇴직금 재도입의 유의사항

2015.12.31. 이전 법인세법에 의하여 법인이 임원에 대한 급여를 연봉제로 전환함에 따라 향후 퇴직금을 지급하지 아니하는 조건으로 그때까지의 퇴직금을 정산하여 해당 임원에게 지급하였으나,

2016.1.1. 이후 임원의 급여제도를 연봉제 이전으로 변경하고 퇴직금을 지급하여야 하나 그렇지 않은 다음의 경우에 당초 지급한 퇴직금 정산금 및 정산일 이후 지급한 퇴직금은 법인의 업무무관 가지급금에 해당하여 손금불산입 대상이다.

① 퇴직금 정산 후 연봉제에서 퇴직금을 지급한 경우

② 퇴직금 정산 후 연봉제에서 퇴직연금에 불입한 경우

③ 퇴직금 정산 후 임원퇴직금규정을 연봉제 이전으로 전환하여 퇴직금을 지급하거나 퇴직연금 부담금을 불입한 경우

④ 기타 퇴직금 정산 후 퇴직금을 지급하는 경우

② 임원퇴직금 재도입의 유의사항

➡ 이미 연봉제 시행 중에 연봉제 조건의 퇴직금을 중간정산 한 경우

▷ 연봉제로 전환조건으로 대표이사 퇴직금을 중간정산 한 경우 이미 연봉제를 시행하고 있었다면 지급한 퇴직금은 가지급금에 해당하므로 손금에 산입할 수 없다. 임원에 대한 중간정산 퇴직금을 지급할 당시 이미 퇴직금을 포함한 연봉제를 실시하고 있었던 경우 연봉제로 전환하였다고 볼 수 없다(수원지방법원-2017-구합-62557, 2017.08.29).

➡ 임원퇴직금규정에 의하여 퇴직금을 중간정산 한 경우

▷ 정관과 주주총회 결의를 거친 퇴직금의 중간정산을 명시한 임원퇴직금규정에 따라 퇴직금을 중간 정산한 경우, 규정 제정 및 변경의 상법상 절차를 준수했다 하더라도 세무상 처리기준은 세법에서 정한 중간정산의 요건에 해당하지 않으면 중간정산 한 임원퇴직금액은 손금부인 대상으로 임원의 퇴직일까지 업무와 무관한 가지급금으로 본다(법인세과-651, 2009.05.29).

➡ 퇴직금 정산 후 연봉제 전환 후 퇴직금을 지급하는 경우

⦿ 연봉제 전후 지급한 퇴직금의 가지급금 여부

▷ 법인이 임원에 대한 급여를 연봉제로 전환함에 따라 향후 퇴직금을 지급하지 아니하는 조건으로 그때까지의 퇴직금을 정산하여 해당 임원에게 지급하였으나, 그 후 연봉제하에서 임원의 퇴직금지급규정을 개정하여 동 임원에게 퇴직금을 지급하는 경우 당초 연봉제 전환 시 지급한 퇴직금과 그 후 퇴직금 명목으로 지급하는 금액은 당해 임원의 실제 퇴직 시까지 그 임원에 대한 법인의 업무무관 가지급금으로 보는 것임. (법인세과-591, 2012.09.28)

연봉제에서 퇴직금규정을 개정하여 퇴직금을 지급하는 경우

▶ 법인이 임원에 대한 급여를 연봉제로 전환함에 따라 향후 퇴직금을 지급하지 아니하는 조건으로 그때까지의 퇴직금을 정산하여 해당 임원에게 지급하였으나, 그 후 연봉제하에서 임원의 퇴직금지급규정을 개정하여 동 임원에게 퇴직금을 지급하는 경우 당초 연봉제 전환 시 지급한 퇴직금과 그 후 퇴직금 명목으로 지급하는 금액은 당해 임원의 실제 퇴직 시까지 그 임원에 대한 업무 무관 가지급금으로 보는 것임. 이 경우 동 과정이 특정 임원에 대한 자금대여의 목적이라고 인정되는 경우에는 가지급금 등으로 보는 것임. (법인세과-591, 2012.09.28)

연봉제 조건의 퇴직금 중간정산 후 퇴직금을 지급하는 경우

▶ 법인이 임원에 대한 급여를 연봉제로 전환함에 따라 향후 퇴직급여를 지급하지 아니하는 조건으로 그때까지의 퇴직금을 중간정산하고 이후 연봉제에서 퇴직하는 임원에게 퇴직금을 지급하는 경우 법인의 업무무관 가지급금으로 봄. (서이46012-10826, 2003.04.21)

중간정산 후 급여제도를 변경하여 퇴직금을 지급하는 경우

연봉제 이전 급여제도로 전환하여 퇴직금을 지급하는 경우

▶ 임원에 대한 급여를 연봉제로 전환함에 따라 향후 퇴직금을 지급하지 아니하는 조건으로 그때까지의 퇴직금을 정산하여 지급한 법인이 추후 주주총회에서 임원의 급여를 연봉제 이전의 방식으로 전환하되 그 전환일로부터 기산하여 퇴직금을 지급하기로 한 경우, 당초 지급하였던 퇴직금에 대하여는 "법인의 업무와 관련 없이 지급한 가지급금 등"으로 보지 아니하는 것이나, 이 경우 동 과정이 특정 임원에 대한 자금대여의 목적이라고 인정되는 경우에는 가지급금 등으로 보는 것임. (서면법규과-170, 2014.02.25)

● **연봉제 이전 급여제도로 전환하여 퇴직금을 지급할 경우**

▷ 2010년에 임원에 대하여 연봉제로 전환함에 따라 향후 퇴직금을 지급하지 아니하는 조건으로 그때까지의 퇴직금을 정산하여 지급하고, 2013년 주주총회에서 임원의 급여를 연봉제 이전의 방식으로 전환하되 그 전환일부터 기산하여 퇴직금을 지급하기로 함. 이 경우 당초 퇴직금은 법인의 업무무관 가지급금 등"으로 보지 아니하는 것이나, 동 과정이 특정 임원에 대한 자금대여의 목적에 의한 것이라고 인정되는 경우는 그러하지 아니하는 것임. (법인세과-451, 2013.08.28)

● **주주총회 결의로 연봉제를 이전의 급여제도를 변경한 경우**

▷ 내국법인이 임원에 대한 급여를 연봉제로 전환하면서 향후 퇴직금을 지급하지 아니하는 조건으로 그때까지의 퇴직금을 정산하여 지급하고, 추후 주주총회에서 임원의 급여를 연봉제 이전의 방식으로 전환하되 그 전환일로부터 기산하여 퇴직금을 지급하기로 결의한 경우 퇴직연금 손금산입 가능함. (법인, 서면-2017-법인-0411; 법인세과-1626, 2017.06.22.)

◉ **중간정산 후 연봉제에서 퇴직연금에 불입하는 경우**

● **임원퇴직금제도를 연봉제 이전으로 전환하여 퇴직금을 지급하는 경우**

▷ 임원의 급여를 연봉제 이전의 방식으로 전환하지 아니하고, 임원의 퇴직금제도를 연봉제 이전의 방식으로 전환하면서 퇴직연금제도를 도입하고, 퇴직연금 부담금을 납부하는 경우 당초 지급하였던 중간정산 퇴직금에 대하여는 가지급금 등으로 본다 (서면법규과-170, 2014.02.25).

● **연봉제에서 퇴직연금에 가입하여 부담금을 불입하는 경우**

▷ 법인이 임원에 대한 급여를 퇴직금을 지급하지 않는 조건으로 연봉제로 전환함에 따라 퇴직급여를 중간정산하고 이후 퇴직연금에 가입하여 퇴직연금 부담금을 내는 경우 현실적인 퇴직으로 보지 않는 것으로 퇴직연금

부담금은 손금산입할 수 없음. (법인세과-2320, 2008.09.04)

퇴직연금에 불입하는 경우 중간정산 퇴직금의 가지급금 여부

▷ 내국법인이 임원에 대한 급여를 연봉제로 전환함에 따라 퇴직급여를 중간정산하고 이후 퇴직연금제도에 가입하여 퇴직연금 부담금을 불입하는 경우에는 현실적인 퇴직에 해당되지 않는 것이므로 당초 지급한 중간정산 퇴직금은 "법인의 업무와 관련없이 지급한 가지급금"으로 보는 것임. (서면법규과-170, 2014.02.25)

연봉제하에서 퇴직금제도를 변경하여 퇴직연금에 가입하는 경우

▷ 임원에 대한 급여를 연봉제로 전환함에 따라 향후 퇴직급여를 지급하지 아니하는 조건으로 그때까지의 퇴직급여를 정산하여 지급한 법인이 퇴직급여 정산일로부터 3년 후에 연봉제하에서 정관을 변경(임원퇴직금지급제도 변경)하여 임원의 퇴직을 지급사유로 하는 퇴직연금에 가입하는 경우 법인이 임원에 대한 급여를 연봉제로 전환함에 따라 퇴직급여를 중간정산하고 이후 새로 발생되는 퇴직급여는 퇴직연금에 가입하여 지급하는 경우 현실적인 퇴직으로 보지 않는 것임. (법인세과-870, 2011.11.03)

연봉제하에서 임원퇴직금규정을 개정하여 퇴직금을 지급하는 경우

▷ 법인이 임원에 대한 급여를 연봉제로 전환함에 따라 향후 퇴직금을 지급하지 아니하는 조건으로 그 때까지의 퇴직금을 정산하여 해당 임원에게 지급하였으나, 그 후 연봉제하에서 임원의 퇴직금지급규정을 개정하여 동 임원에게 퇴직금을 지급하는 경우 당초 연봉제 전환 시 지급한 퇴직금과 그 후 퇴직금 명목으로 지급하는 금액은 당해 임원의 실제 퇴직 시까지 그 임원에 대한 업무무관 가지급금으로 보는 것임. (서이46012-10826, 2003.04.21)

● 연봉제 조건 퇴직금 중간정산 후 퇴직연금에 가입하는 경우

▶ 법인이 임원에 대한 급여를 퇴직금을 지급하지 않는 조건으로 연봉제로 전환함에 따라 퇴직급여를 중간정산하고 이후 퇴직연금에 가입하여 퇴직연금 부담금을 내는 경우 현실적인 퇴직으로 보지 않는 것으로 퇴직연금 부담금은 손금산입할 수 없음. (법인세과-2320, 2008.09.04)

③ 연봉제 전환 후 임원퇴직금의 재도입 방법

2015.12.31. 이전에 구 법인세법에 따라 임원의 급여제도를 일반급여제도에서 연봉제로 전환하여 향후 퇴직금을 받지 않는 조건으로 퇴직금을 정산한 경우 법인과 임원이 그 후에 임원의 급여제도를 퇴직금이 포함된 연봉제에서 퇴직금 있는 급여제로 전환 및 변경하고 퇴직금제도를 재도입하는 업무절차는 다음과 같다.

🔹 임원퇴직금 재도입 절차

2015.12.31. 이전 퇴직금을 지급하지 않는 조건으로 급여제도를 연봉제로 전환하여 퇴직금을 중간정산 한 임원이 이후 퇴직금을 받고자 한다면 임원은 급여제도 변경과 임원퇴직금규정의 적용을 신청하여 이사회와 주주총회의 승인으로 퇴직금을 재적용 할 수 있다.

임원퇴직금의 재도입 절차는 다음과 같다.

《 중간정산 후 임원퇴직금 재도입 절차 》

절차	임원퇴직금 재적용 방법
1. 급여제도의 신청	• 연봉제에서 일반급여제로 전환신청
2. 퇴직금제도의 신청	• 임원퇴직급여규정의 적용신청
3. 임원급여규정의 적용	• 임원급여규정 적용의 승인
4. 임원퇴직금규정의 적용	• 임원퇴직금규정 적용의 승인

🔹 임원급여규정의 제정과 적용

2015.12.31. 이전 임원 모두가 연봉제 전환조건으로 퇴직금을 중간정산을 위하여 월급제 등 급여제도를 폐지한 경우 주주총회 또는 이사회의 결의로 월급제 등 급여규정을 제정하여 적용한다.

다만, 월급 등 급여규정이 유지되는 경우 주주총회 또는 이사회의 결의로 월급제 등 급여규정을 적용한다.

🔹 임원퇴직금규정의 제정과 적용

2015.12.31. 이전 임원 전원이 연봉제 전환조건으로 퇴직금을 중간정산을 위하여 임원퇴직금규정을 폐지한 경우, 정관 또는 정관위임 주주총회 결의로 임원퇴직금규정을 재도입하여 제정한다(법영44④).

다만, 임원퇴직금규정이 유지되는 경우 주주총회 또는 이사회의 결의로 임원퇴직금규정을 적용한다.

🔹 임원퇴직금제도 재적용 임원급여 예시

연봉제 조건의 퇴직금 중간정산 임원이 급여제도를 연봉제에서 월급제 등으로 변경하고 퇴직금을 적용을 재도입한 경우, 임원의 급여는 다음과 같다.

구분	급여제도	연간급여	연간퇴직금
퇴직금 정산 전	월급제	5,000만원	500만원*
퇴직금 정산 후	연봉제	5,500만원	-
퇴직금 재도입 후	월급제	5,000만원	500만원*

*연간퇴직금 지급률 : 연간급여의 10%

🔹 2015.12.31. 이전 임원퇴직금 중간정산 관련 서류

2015.12.31. 이전 법인세법의 퇴직금을 지급하지 않는 연봉제로 전환하는 조건으로 퇴직금을 중간정산 한 경우 관련 서류는 다음과 같다.

《 연봉제 조건 임원퇴직금 중간정산 관련 서류 》

구분	퇴직금 정산 서류	필수서류
정산 전	1. 임원퇴직금규정 2. 월급제 등 임원급여규정 3. 근로소득 지급명세서	• 정관 • 주주총회의사록 • 이사회의사록
정산 시	4. 연봉제 임원급여규정 5. 급여제도 연봉제 전환 신청서 6. 연봉제 전환 주총·이사회결의서 7. 퇴직소득 지급명세서	

◈ 2016.1.1. 이후 임원퇴직금 재도입 관련 서류

2015.12.31. 이전 법인세법의 퇴직금을 지급하지 않는 연봉제로 전환하는 조건으로 퇴직금을 중간정산 한 경우 2016.1.1. 이후 임원퇴직금의 재도입 관련 서류는 다음과 같다.

《 중간정산 후 퇴직금의 재도입 관련 서류 》

구분	퇴직금 재도입 서류	필수서류
재도입 전	1. 중간정산 보관서류 1~7	
재도입 시	2. 연봉제규정의 비적용 신청서 3. 임원급여규정의 적용신청서 4. 임원퇴직금규정의 적용신청서 5. 임원급여규정 적용 주총·이사회결의서 6. 임원퇴직금규정 적용 주총·이사회결의서	• 정관 • 주주총회의사록 • 이사회의사록
재도입 후	7. 근로소득 지급명세서 8. 퇴직급여명세서(퇴직연금부담금불입서)	

④ 임원퇴직금 재도입의 주총결의서 등 작성예시

➡ 임원급여제도 전환 및 퇴직금 적용 신청서

임원급여제도 전환과 임원퇴직금 적용 신청서

구분	전환 전	전환 후	전환일
임원급여규정	연봉제 (퇴직금 포함 연봉제)	월급제 (퇴직금 별도)	202 .6.30.
임원퇴직금규정	비적용	적용	202 .7.1.

위와 같이 임원급여제도의 전환과 임원퇴직금지급규정의 적용을 신청합니다.

202 년 6월 20일

코페하우스 주식회사
서울특별시 강남구 테헤란로 1
(신청자)
대표이사 ○○○ (인)
전무이사 ○○○ (인)
상무이사 ○○○ (인)
생산본부장 ○○○ (인)
영업본부장 ○○○ (인)
관리본부장 ○○○ (인)

임시 주주총회의사록

1. 소집

1-1. 일시: 202 년 6월 20일, 오전 10:00시

1-2. 장소: 서울특별시 강남구 테헤란로 1 코페하우스 본사 회의실

1-3. 출석 주주 (의결권 있는 주주와 주식)

- 주주 총수: 5명   - 발행주식 총수 : 200,000주
- 출석주주 수: 5명   - 출석주주 주식 수 : 200,000주

1-4. (첨부1) 주주명부

2. 개회

정관에 의하여 대표이사 ○○○가 의장으로 총회를 진행하다. 의장은 위와 같이 의결정족수 주주의 출석으로 주주총회의 소집이 적법하게 성립되었음을 알리고, 202 년 6월 20일 오전 10시 10분에 총회의 개회를 선언하다.

3. 의결

제1호 의안 : 임원급여제도 전환의 승인 건

의장은 첨부2와 같이 급여제도를 전환신청과 첨부3 임원퇴직금규정의 적용을 신청에 대한 심의 및 결의를 요청하여 출석 주주 전원이 찬성하여 승인으로 가결하다.

3-1. (첨부2) 급여제도 전환과 퇴직금규정 적용 신청서

3-2. (첨부3) 임원퇴직금규정

4. 폐회

의장은 위와 같이 총회의 안건을 모두 의결하였음을 알리고 총회의 종료

를 알리고 202 년 6월 20일 오전 11시 00분에 주주총회의 폐회를 선언하다.

5. 증명

위와 같이 총회의 경과요령으로 의사록으로 작성하고 의장과 이사가 서명 또는 기명날인으로 증명한다.

202 년 6월 20일

(회 사 명) 코페하우스 주식회사

(소 재 지) 서울특별시 강남구 테헤란로 1

(대표이사)   (인)

(사내이사)   (인)

(사내이사)   (인)

4절 정관의 임원퇴직금규정 작성과 예시

① 정관의 임원퇴직금 위임규정 작성

➡ 작성 개요

법인의 임원에게 지급하는 퇴직금을 정관으로 의결기관에서 정한 임원퇴직급여지급규정의 금액으로 위임을 정할 수 있다.

> • 법인세법은 법인이 임원에게 지급하는 퇴직급여는 「정관에서 위임된 퇴직급여지급규정이 따로 있는 경우에는 해당 규정에 의한 금액」은 손금으로 산입한다(법영44⑤).

위 법인세법 규정의 따로 있는 퇴직급여지급규정이란 판례 및 행정해석으로 주주총회의 결의로 정한 규정으로 한다. 다만, 이사회의 결의로 정하는 경우 「연평균 총급여의 10% × 근속연수」 이내의 임원퇴직금은 손금으로 산입한다.

주식회사, 유한회사 등의 의결기관은 다음과 같다.

- 주주총회 또는 사원총회
- 이사회

➡ 작성 방법

임원의 퇴직금을 주주총회 결의로 정한 임원퇴직금규정에 의한 금액으로 정하는 경우 지급 대상을 다음과 같이 구분하여 규정할 수 있다.

- 이사의 퇴직금
- 감사의 퇴직금

- 집행임원의 퇴직금
- 비등기임원의 퇴직금
- 임원의 퇴직금(이사·집행임원·비등기임원)의 퇴직금

작성예시

정관에 임원퇴직금을 주주총회 결의로 정한 임원퇴직금규정에 의하여 지급을 규정한 정관 규정의 작성을 예시하면 다음과 같다.

예시① 이사의 퇴직금

제○○조(이사의 퇴직금) 이사의 퇴직금은 주주총회 결의로 정한 임원퇴직금규정에 의하여 지급한다.

예시② 감사의 퇴직금

제○○조(감사의 퇴직금) 감사의 퇴직금은 주주총회 결의로 정한 임원퇴직금규정에 의하여 지급한다.

예시③ 이사와 감사의 퇴직금

제○○조(이사와 감사의 퇴직금) ① 이사의 퇴직금은 주주총회 결의로 정한 임원퇴직금규정에 의한다.
② 감사의 퇴직금은 주주총회 결의로 정한 임원퇴직금규정에 의한다.

예시④ 임원의 퇴직금

제○○조(임원의 퇴직금) 임원의 퇴직금은 주주총회 결의로 정한 임원퇴직금규정에 의하여 지급한다.

❷ 정관의 임원퇴직금 직접규정 작성

◈ 작성 개요

법인의 임원퇴직금을 정관에 직접 명시하여 규정할 수 있다. 정관에 임원 퇴직급여로 지급할 금액이 정하여진 경우에는 정관에 정하여진 금액을 초과하는 금액은 손금에 산입하지 아니한다(법영44④1). 또한, 정관에 직접 명시하는 임원 퇴직급여는 임원퇴직금 계산기준을 포함한다(법영44⑤).

◈ 직접규정의 단점

정관에 규정하는 임원퇴직금액은 신설법인은 정관에 임원퇴직금의 계산기준 및 금액을 명시하여 원시정관으로 제정할 수 있으나, 기존법인은 임원퇴직금액 및 계산기준을 주주총회의 특별결의로 정관을 변경하여 규정하여야 한다.

또한, 임원퇴직금의 지급에 관한 기준 및 금액을 변경하는 경우에도 주주총회의 특별결의로 정관을 변경하여 규정하여야 한다.

◈ 작성 방법

임원의 퇴직금을 정관에 직접 명시하는 경우 지급 대상을 다음과 같이 구분하여 규정할 수 있다.

- 이사의 퇴직금, 감사의 퇴직금
- 집행임원의 퇴직금, 비등기임원의 퇴직금
- 감사 외 임원(이사·집행임원·비등기임원)의 퇴직금

◈ 작성예시

정관에 임원퇴직금을 명시하여 작성하는 방법을 예시하면 다음과 같다.

◌ 예시① 이사의 퇴직금

[정 관]

제○○조(이사의 퇴직금) ① 1년 이상 근속한 이사에게 다음과 같이 퇴직 전 3년간 총급여의 1년간 연평균급여의 10% 금액에 근속연수를 곱한 금액에 지급배수를 곱한 금액을 퇴직금으로 지급한다.

| 퇴직 전 3년간 총급여의 연평균급여 10% × 근속연수 × 지급배수 = 퇴직금 |

② 제1항의 직위별로 지급배수는 다음과 같이 적용한다.

구분	대표이사	전무이사	상무이사	이사
지급배수	3	2.5	2	1.5

③ 제1항의 근속연수는 1년 미만의 기간은 월수로 계산하되, 1개월 미만 기간은 산입하지 아니한다.

💠 예시② 감사의 퇴직금

[정 관]

제○○조(감사의 퇴직금) ① 1년 이상 근속한 감사에게 퇴직 전 3년간 총급여의 1년간 연평균급여의 10% 금액에 근속연수를 곱한 금액을 퇴직금으로 지급한다.

② 제1항의 근속연수는 1년 미만의 기간은 월수로 계산하되, 1개월 미만의 기간은 산입하지 아니한다.

5절 　임원퇴직금규정 작성과 예시

① 임원퇴직금규정 작성 개요

임원퇴직금의 지급요건

임원퇴직금의 지급은 퇴직하는 임원에게 퇴직 전 총급여의 10%에 근속연수를 곱한 금액을 퇴직금으로 지급할 수 있다. 다만, 이를 초과하는 임원의 퇴직금은 정관에 규정하거나 정관의 위임으로 주주총회 결의로 정한 임원퇴직금지급규정에 의한 금액을 퇴직금으로 지급할 수 있다.

퇴직금의 구분	지급규정의 여부
① 퇴직 전 연간 총급여의 10% × 근속연수 이내의 임원퇴직금	• 지급규정 없이 지급할 수 있는 임원퇴직금 • 이사회결의로 정한 임원퇴직금지급규정에 의한 퇴직금
② ①을 초과하는 금액의 임원퇴직금	• 정관에 정한 퇴직금 • 정관의 위임으로 주주총회 결의로 정한 임원퇴직금지급규정에 의한 퇴직금

퇴직금 지급의 임원 범위

퇴직하는 임원에게 퇴직금을 지급할 수 있다. 법인세법에서 정한 임원의 범위는 다음과 같다. (법영§40①).

1. 법인의 회장, 사장, 부사장, 이사장, 대표이사, 전무이사 및 상무이사 등 이사회의 구성원 전원과 청산인
2. 합명회사, 합자회사 및 유한회사의 업무집행사원 또는 이사
3. 유한책임회사의 업무집행자
4. 감사

5. 1.~4.의 임원직무에 종사하는 자

➡ 임원퇴직금의 지급률

임원퇴직금의 지급률은 다음과 같이 직위별 등으로 정할 수 있다. 다만, 지급률이 주주 및 특수관계인 임원에게 차별적 차등기준을 적용한 경우 최저지급률 이상의 퇴직금은 손급물산입 대상이다.

- 동일지급률 임원퇴직금
- 복수지급률 임원퇴직금
- 직위별 지급률 임원퇴직금
- 재임기간별 지급률 임원퇴직금

➡ 지급규정의 작성 항목

임원퇴직금규정은 총칙과 부칙, 별표와 서식 등으로 구성한다. 별표와 서식은 규정의 총칙 및 본칙에 구성하기 어려운 것을 별지에 별표와 서식으로 구성하여 작성한다.

규정의 작성 항목은 다음과 같다.

- 제정목적, 적용 범위, 지급대상
- 퇴직금의 계산방법, 지급률 및 지급배수
- 퇴직금의 중간정산
- 지급제한, 지급방법
- 시행일, 경과규정

➡ 퇴직금의 지급제한

임원퇴직금을 지급하지 아니하는 임원을 규정할 수 있다. 일반적으로 업무집행을 하지 않는 임원, 회사에 손해배상의 책임이 있는 임원, 주주총회 등에서 해임된 임원 등을 퇴직금을 지급하지 않는 임원 등으로 규정한다.

💬 임원퇴직금규정의 구성 체계

임원퇴직금규정의 구성 체계는 다음과 같다.

《 임원퇴직금규정 구성 체계 》

총칙	통칙 (총칙)	목적
		적용 범위
		용어 정의
	⇩	
	본칙	계산기준
		지급률
		지급시기
	⇩	
	보칙	지급제한

⇩

부칙	시행일 ｜ 경과규정
별표	별표
서식	서식

② 동일지급률 임원퇴직금규정 작성과 예시

● 지급규정의 작성 개요

퇴직하는 임원 모두에게 동일한 지급률로 퇴직금을 지급할 수 있다. 동일지급률 임원퇴직금규정은 퇴직하는 임원의 퇴직금 지급률을 직위별 등으로 차등을 두지 않고 동일하게 적용하는 방법이다.

- ㉠지급률 : 퇴직 전 1년간 총급여액 10%의 × 동일지급률
- ㉠지급배수 : 퇴직 전 3년간 총급여액의 연평균급여액 10% × 동일지급률

● 동일지급률 임원퇴직금의 손금기준

① 정관 또는 주주총회 결의 임원퇴직금규정의 손금기준 임원퇴직금의 최고한도액은 다음과 같다.

- 손금한도 : 퇴직 전 3년간 총급여액의 연평균급여 10% × 근속연수 × 동일지급률 = 퇴직금액

② 이사회의 결의 손금기준 임원퇴직금의 최고한도액은 다음과 같다.

- 손금한도 : 퇴직 전 1년간 총급여액의 10% × 근속연수 = 퇴직금액

● 임원퇴직금의 동일지급률

- 퇴직하는 임원에게 〈퇴직 전 1년간 총급여 10% × 재임연수 × 동일지급배수*〉의 퇴직금을 지급한다.
- 퇴직하는 임원에게 〈퇴직 전 3년간 총급여의 연평균환산급여 10% × 재임연수 × 동일 지급배수*〉의 퇴직금을 지급한다.

구분	퇴직금 지급배수*
• 사장, 부사장, 전무, 상무, 본부장, 기술연구소장	2배수 (1배수, 1.5배수, 3배수)

동일지급률 임원퇴직금 지급규정

(제정 20 . .)

〈총 칙〉

제1조(목적)

이 규정은 ○○주식회사(이하 "회사"라 한다) 회사의 임원에게 지급하는 퇴직급여의 지급에 관한 계산과 지급기준을 정함을 목적으로 한다.

제2조(적용 범위)

이 규정은 회사에 재임하는 임원에게 적용한다.

> 이 규정은 회사에 재임하는 이사와 감사에게 적용한다.

제3조(지급 대상)

① 회사는 1년 이상 근속한 임원에게 퇴직금을 지급한다.

② 2015.12.31. 이전 연봉제로 전환으로 퇴직금을 중간정산 한 임원이 주주총회 또는 이사회의 급여제도 전환과 퇴직금 지급 재적용의 승인을 받은 경우 승인일로부터 1년 이상 근속한 임원에게 퇴직금을 지급한다.

제4조(퇴직금의 계산)

① 임원의 퇴직금은 퇴직 전 3년간 총급여의 연평균환산급여의 10분의 1에 근속연수를 곱하고 여기에 1.5 지급배수를 곱한 금액으로 계산식은 다음과 같다.

> 퇴직 전 3년간 총급여의 연평균급여 10% × 근속연수 × 1.5

② 제1항의 총급여는 다음의 급여를 합한 급여로 계산한다.

　1. 기본급 또는 기본연봉

　2. 정기상여금

③ 제1항의 근속연수는 1년 미만은 근속 월수로, 1개월 미만은 근속은 1개월

로 계산한다.

④ 직원에서 임원으로 선임된 자는 직원의 근속기간에 대하여 직원퇴직금규정을 적용하여 계산한다.

제5조(퇴직연금의 가입)

① 회사는 임원의 동의로 확정기여형 퇴직연금제도에 가입한 임원의 연간퇴직금 해당액을 동 임원의 퇴직연금 계좌에 1년에 1회 이상 불입하여 퇴직금을 지급할 수 있다.

② 회사는 임원의 확정급여형 퇴직연금제도를 설정하여 임원 퇴직금 상당액을 동 퇴직연금에 불입하여 운용할 수 있다.

제6조(퇴직금의 중간정산)

① 1년 이상 재임한 임원이 다음 각호의 어느 하나에 해당하는 경우에 퇴직금의 중간정산을 신청하면 퇴직금을 중간정산 할 수 있다.

1. 중간정산일 현재 1년 이상 주택을 소유하지 아니한 세대의 세대주인 임원이 주택을 중간정산일부터 3개월 내에 해당 주택을 취득하는 경우
2. 임원 또는 임원의 배우자 및 생계를 같이 하는 부양가족이 3개월 이상의 질병 치료 또는 요양을 필요로 하는 경우
3. 천재·지변, 그 밖에 이에 준하는 재해를 입은 경우

② 임원은 법률로 정한 근로자 퇴직금의 중간정산 사유에 해당하는 경우에 임원퇴직금의 중간정산을 신청할 수 있다.

제7조(연봉제 임원의 퇴직금 재도입)

2015.12.31. 이전 퇴직금이 포함된 연봉제로 전환하여 향후 퇴직금을 지급하지 않는 조건으로 퇴직금을 중간정산 한 임원이 퇴직금이 포함되지 않은 급여제도로 전환과 퇴직금 지급의 재적용을 신청하는 경우 주주총회 또는 이사회의 승인으로 한다.

제8조(중간정산 후 퇴직금의 기산)

① 퇴직금을 중간정산 한 임원이 퇴직하는 경우 퇴직금 중간정산 일로부터 퇴직하는 전날까지 근속기간을 퇴직금 계산기간으로 한다.

② 2015.12.31. 이전 연봉제 조건으로 퇴직금을 중간정산 한 임원이 퇴직금 지급의 재적용 승인일로부터 1년 이상 근속한 기간을 퇴직금 계산기간으로 한다.

제9조(퇴직금의 지급)

① 회사는 퇴직한 임원에게 퇴직일로부터 14일 이내에 퇴직금을 지급한다.

② 회사는 확정기여형 퇴직연금에 가입한 임원에게 1년에 1회 이상 연간퇴직금 계산액을 임원의 퇴직연금계좌로 지급한다.

③ 회사는 임원퇴직금을 통화 또는 현금으로 임원명의 계좌로 지급한다.

제10조(지급제한)

① 비상근 임원에게는 퇴직금을 지급하니 아니한다.

② 회사는 회사 경영에 중대한 손실을 초래하여 민형사상 처벌받은 해임된 임원에게는 퇴직금을 지급하지 아니할 수 있다.

제11조 (규정의 개폐)

이 규정의 개정 및 폐지는 주주총회 결의로 한다.

〈부　칙〉

제1조(시행일)

이 규정은 202○년 ○○월 ○○일부터 시행한다.

제2조(소급적용)

이 규정의 시행일 이전부터 재임한 임원은 재임한 날부터 소급하여 이 규정을 적용한다.

③ 복수지급률 임원퇴직금규정 작성예시

➡ 지급규정 작성 개요

복수지급률 임원퇴직금규정은 퇴직하는 임원의 퇴직금의 지급률(지급배수, 지급배율)을 최저배율과 최고배율로 복수로 정하고, 임원이 퇴직할 때 주주총회 또는 이사회에서 지급 배율을 최종결정하는 규정이다.

- ㉠지급률 : 퇴직 전 1년간 월평균 급여액 × 100%~300%
- ㉠지급률 : 퇴직 전 1년간 총급여액의 10% × 100%~300%
- ㉠지급률 : 퇴직 전 3년간 총급여액의 연평균환산액 10% × 1~3

➡ 복수지급률 임원퇴직금의 손금기준

① 정관 또는 주주총회 결의 임원퇴직금규정의 손금기준 임원퇴직금의 최고한도액은 다음과 같다.

- 손금한도 : 퇴직 전 3년간 총급여액의 연평균급여 10% × 근속연수 × 최저지급률 = 퇴직금액

② 이사회의 결의 손금기준 임원퇴직금규정의 임원퇴직금의 최고한도액은 다음과 같다.

- 손금한도 : 퇴직 전 1년간 총급여액의 10% × 근속연수 = 퇴직금액

➡ 임원퇴직금의 복수지급률

- 퇴직하는 임원에게 〈퇴직 전 총급여의 월평균 급여 × 재임연수 × 복수지급배수*〉의 퇴직금을 지급한다.
- 퇴직하는 임원에게 〈퇴직 전 1년간 총급여의 10% × 재임연수 × 복수지급배수*〉의 퇴직금을 지급한다.
- 퇴직하는 임원에게 〈퇴직 전 3년간 총급여의 연평균환산급여 10% × 복수 재임연수 × 지급배수*〉의 퇴직금을 지급한다.

◉ 직위별 퇴직금 지급률 예시

구분	퇴직금 지급배수*
• 대표이사 사장	3.0 ~ 4.0
• 부사장	2.5 ~ 3.0
• 전무	2.0 ~ 2.5
• 상무	1.5 ~ 2.0
• 본부장, 기술연구소장	1.0 ~ 1.5

◉ 지급규정의 구성 체계

복수지급률 임원퇴직금규정의 구성 체계는 다음과 같다.

《 복수지급률 임원퇴직금규정 구성 체계 》

총칙	통칙 (총칙)	목적
		적용 범위
		지급 대상
	본칙	계산기준
		복수지급률
		지급기준
	보칙	지급제한

부칙	시행일 ｜ 경과규정
별표	별표
서식	서식

복수지급률 임원퇴직금 지급규정

(제정 20 . .)

〈총 칙〉

제1조(목적)

이 규정은 ○○주식회사(이하 "회사"라 한다) 회사 임원의 퇴직금 지급에 관한 지급기준과 계산에 관한 계산기준을 정함을 목적으로 한다.

제2조(적용 범위)

이 규정은 회사에 재직하는 임원에게 적용한다.

> 이 규정은 회사에 재직하는 이사와 감사에게 적용한다.

제3조(지급 대상)

① 회사는 1년 이상 근속한 임원에게 퇴직할 때 퇴직금을 지급한다.

② 2015.12.31. 이전 퇴직금을 지급하지 않는 조건으로 연봉제로 전환한 임원이 이후 급여제도의 전환으로 퇴직금 재도입을 주주총회 또는 이사회의 승인일부터 1년 이상 근속한 임원에게 퇴직금을 지급한다.

제4조(퇴직금의 계산)

① 임원의 퇴직금은 퇴직 전 3년간 총급여의 연평균환산급여의 10분의 1에 근속기간 월수를 12로 나눈 근속기간을 곱하고 여기에 지급배수를 곱한 금액으로 계산식은 다음과 같다.

> 퇴직 전 3년간 총급여의 연평균급여 10% × (근속월수/12) × 지급배수

② 제1항의 총급여는 다음의 급여를 합한 급여로 계산한다.

1. 기본급 또는 기본연봉
2. 정기상여금

③ 제1항의 근속기간 월수는 1개월 미만은 계산하지 아니한다.

④ 직원에서 임원으로 선임된 자는 직원의 근속기간에 대하여 직원퇴직금규정을 적용하여 계산한다.

제5조(퇴직금의 지급배수)

① 제4조 제1항의 계산식에서 지급배수는 직위별로 다음과 같이 적용한다.

구분	지급배수
대표이사 사장	3.0 ~ 5.0
부사장	2.0 ~ 3.0
전무	1.5 ~ 3.0
상무	1.5 ~ 3.0
본부장, 기술연구소장	1.0 ~ 2.0

② 제1항의 퇴직금 지급배수는 최저 지급배수를 적용한다. 다만, 이를 초과하는 지급배수는 주주총회 또는 이사회의 승인으로 한다.

제6조(퇴직연금의 가입)

① 회사는 확정기여형 퇴직연금제도를 설정하여 임원의 퇴직금을 임원명의 퇴직연금계좌로 지급할 수 있다.

② 회사는 임원의 퇴직금을 확정급여형 퇴직연금제도를 설정하여 운용할 수 있다.

제7조(퇴직금의 중간정산)

회사는 1년 이상 재임한 임원이 법률에서 정한 근로자의 퇴직금 중간정산 사유에 해당하여 퇴직금의 중간정산을 신청하는 경우에 퇴직금을 중간정산할 수 있다.

1. 중간정산일 현재 1년 이상 주택을 소유하지 아니한 세대의 세대주인 임원이 주택을 중간정산일부터 3개월 내에 해당 주택을 취득하는 경우

2. 임원 또는 임원의 배우자 및 생계를 같이 하는 부양가족이 3개월 이상의 질병 치료 또는 요양을 필요로 하는 경우

3. 천재·지변, 그 밖에 이에 준하는 재해를 입은 경우

제8조(연봉제 임원의 퇴직금 재도입)

2015.12.31. 이전 연봉제 전환으로 퇴직금을 중간정산 한 임원이 퇴직금 지급을 신청하는 경우 주주총회 또는 이사회의 승인으로 급여제도를 전환하여 퇴직금제도를 재적용할 수 있다.

제9조(중간정산 후 퇴직금의 기산)

① 퇴직금을 중간정산 한 임원이 퇴직하는 경우 퇴직금 중간정산일부터 퇴직하는 날 전일까지 기산한다.

② 2015.12.31. 이전 연봉제 조건으로 퇴직금을 중간정산 한 임원이 재도입 후 퇴직하는 경우 주주총회 또는 이사회의 재도입 승인일로부터 퇴직하는 날 전일까지 기산한다.

제10조(퇴직금의 지급)

① 회사는 퇴직한 임원에게 퇴직일로부터 14일 이내에 퇴직금을 지급한다.

② 회사는 확정기여형 퇴직연금제도에 가입한 임원에게 1년에 1회 이상 연간퇴직금 계산액을 재직 중인 임원의 퇴직연금 계좌로 지급한다.

③ 회사는 임원의 퇴직금을 통화 또는 현금으로 직접 지급하거나 임원명의 계좌로 지급한다.

제11조(퇴직금의 지급제한)

① 비상근 임원에게는 퇴직금을 지급하니 아니한다.

② 2015.12.31. 이전 퇴직금을 포함한 연봉제로 전환한 임원에게는 퇴직금을 지급하지 아니한다.

③ 회사 경영에 중대한 손실을 초래하여 해임된 임원에게는 퇴직금을 지급하지 아니한다.

제12조 (규정의 개정)

이 규정의 개정 및 폐지는 주주총회 결의로 한다.

〈부 칙〉

제1조(시행일)

이 규정은 202○년 ○○월 ○○일부터 시행한다.

제2조(소급적용)

이 규정의 시행일 이전부터 재임한 임원은 재임한 날부터 소급하여 이 규정을 적용한다.

④ 직위별 임원퇴직금규정 작성예시

➡ 지급규정 작성 개요

직위별 지급률 임원퇴직금규정은 퇴직하는 임원의 퇴직금의 지급률(지급배수, 지급배율)을 직위별 또는 직책별로 설정하고, 그에 따라 임원퇴직금을 지급하는 규정이다.

- 예지급률 : 퇴직 전 1년간 월평균 급여액 × 직위별 지급률(지급배수)
- 예지급률 : 퇴직 전 1년간 총급여액의 10% × 직위별 지급률
- 예지급률 : 퇴직 전 3년간 총급여액의 연평균환산액 10% × 직위별 지급배수

➡ 직위별 임원퇴직금의 손금기준

① 정관 또는 주주총회 결의 임원퇴직금규정의 손금기준 임원퇴직금의 최고한도액은 다음과 같다.

- 손금한도 : 퇴직 전 3년간 총급여액의 연평균급여 10% × 근속연수 × 직위별 지급률 = 퇴직금액

② 이사회의 결의 임원퇴직금규정의 손금기준 임원퇴직금의 최고한도액은 다음과 같다.

- 손금한도 : 퇴직 전 1년간 총급여액의 10% × 근속연수 = 퇴직금액

➡ 임원퇴직금의 직위별 지급률

- 퇴직하는 임원에게 〈퇴직 전 총급여의 월평균 급여 × 재임연수 × 직위별 지급배수*〉의 퇴직금을 지급한다.
- 퇴직하는 임원에게 〈퇴직 전 1년간 총급여의 10% × 재임연수 × 직위별 지급배수*〉의 퇴직금을 지급한다.
- 퇴직하는 임원에게 〈퇴직 전 3년간 총급여의 연평균환산급여 10% × 재임연수 × 직위별 지급배수*〉의 퇴직금을 지급한다.

직위별 퇴직금 지급률 예시

구분	퇴직금 지급배수*
• 대표이사 사장	3.0
• 부사장	2.5
• 전무	2.0
• 상무	2.0
• 본부장, 기술연구소장	1.5

직위별 임원퇴직금규정의 구성 체계

직위별 임원퇴직금규정의 구성 체계는 다음과 같다.

《 직위별 임원퇴직금규정 구성 체계 》

총칙	통칙 (총칙)	목적
		적용 범위
		지급 대상
	⇩	
	본칙	계산기준
		직위별 지급률
		지급기준
	⇩	
	보칙	지급제한

⇩

부칙	시행일 ∣ 경과규정
별표	별표
서식	서식

직위별 임원퇴직금 지급규정

(제정 20   .   .)

〈총 칙〉

제1조(목적)

이 규정은 ○○주식회사(이하 "회사"라 한다) 임원의 퇴직금 지급에 관한 계산과 지급기준 등을 정함을 목적으로 한다.

제2조(적용 범위)

① 이 규정은 회사에 재직하는 임원에게 적용한다.

② 제1항의 임원이란 주주총회에서 선임한 이사와 감사로 등기한 임원과 이사회에서 선임한 비등기임원을 말한다.

> 이 규정은 회사에 재직하는 이사와 감사에게 적용한다.

제3조(지급 대상)

① 회사는 1년 이상 근속한 임원에게 퇴직할 때 퇴직금을 지급한다.

② 회사는 임원이 법률로 정한 퇴직금의 중간정산 사유에 해당하여 중간정산을 신청한 임원에게 중간정산 퇴직금을 지급한다.

③ 2015.12.31. 이전에 연봉제 전환조건으로 퇴직금을 중간정산 한 임원이 주주총회 또는 이사회의 퇴직금 지급의 재적용을 승인받은 경우 승인일로부터 1년 이상 근속한 임원에게 퇴직금을 지급한다.

제4조(퇴직금의 계산)

① 임원의 퇴직금은 퇴직 전 3년간 총급여를 연평균급여로 환산한 금액의 10분의 1에 근속기간 월수를 12로 나눈 근속기간을 곱하고 여기에 지급배수를 곱한 금액으로 계산식은 다음과 같다.

> 퇴직 전 3년간 총급여의 연평균급여액 × 1/10 × (근속기간 월수/12) × 지급배수

② 제1항의 임원의 총급여는 다음의 급여를 합산하여 계산한다.

1. 기본급 또는 기본연봉

2. 정기상여금

③ 제1항의 근속기간 월수는 1개월 미만의 근속기간은 계산하지 아니한다.

④ 직원에서 임원으로 선임된 자는 직원의 근속기간에 대하여 직원퇴직금규정을 적용하여 계산한다.

제5조(퇴직금 지급률)

제4조 제1항의 직위별 지급배수는 다음과 같다.

구분	지급률
대표이사 사장	5
전무이사	3
상무이사	2
본부장	1.5

제6조(퇴직연금의 가입)

① 회사는 확정기여형 퇴직연금제도를 설정하여 1년 이상 근속한 임원은 동의로 가입하여 임원의 퇴직연금 계좌를 개설할 수 있다.

② 회사는 임원의 퇴직금 지급을 위하여 확정급여형 퇴직연금제도를 설정하여 운용할 수 있다.

제7조(연봉제 임원의 퇴직금 재도입)

① 2015.12.31. 이전 연봉제로 전환하여 이후 퇴직금을 지급하지 않는 조건으로 퇴직금을 중간정산 한 임원이 급여제도의 전환과 퇴직금 지급을 신청할 수 있다.

② 제1항에 의하여 신청한 경우 주주총회 또는 이사회의 승인으로 신청한 임원의 퇴직금을 재적용할 수 있다.

제8조(퇴직금의 중간정산)

① 회사는 1년 이상 재임한 임원이 다음에 해당하는 사유로 퇴직금 중간정산을 신청하는 경우 퇴직금을 중간정산 할 수 있다.

1. 중간정산일 현재 1년 이상 주택을 소유하지 아니한 세대의 세대주인

임원이 주택을 중간정산일부터 3개월 내에 해당 주택을 취득하는 경우

2. 임원 또는 임원의 배우자 및 생계를 같이 하는 부양가족이 3개월 이상의 질병 치료 또는 요양을 필요로 하는 경우

3. 천재·지변, 그 밖에 이에 준하는 재해를 입은 경우

② 회사는 법인세법 등 법률로 정한 직원의 퇴직금 중간정산 사유에 의한 퇴직금 지급을 강제한 경우 이를 준용하여 임원의 퇴직금을 중간정산 할 수 있다.

제9조(중간정산 후 퇴직금의 기산)

① 퇴직금을 중간정산 한 임원이 퇴직하는 경우 퇴직금 중간정산일부터 퇴직일 전날까지 근속기간을 퇴직금 계산기간으로 한다.

② 제1항 외 2015.12.31. 이전 연봉제 도입으로 퇴직금을 중간정산 한 임원이 주주총회 또는 이사회의 승인으로 퇴직금을 재도입 후 퇴직하는 경우 주주총회 또는 이사회의 승인일부터 1년 이상 근속기간부터 퇴직일 전날까지 퇴직금 계산기간으로 한다.

제10조(퇴직금의 지급)

① 회사는 퇴직한 임원의 퇴직금을 퇴직일로부터 14일 이내에 지급한다.

② 제1항의 임원퇴직금은 통화 및 현금으로 퇴직한 임원명의 급여계좌로 지급한다.

③ 회사는 확정기여형 퇴직연금제도 가입 임원의 퇴직금은 재임 중 1년에 1회 이상 가입 임원명의 퇴직연금계좌로 퇴직금 계산액을 지급한다.

제11조(퇴직금의 지급제한)

① 비상무임원과 비상근감사에게는 퇴직금을 지급하니 아니한다.

② 2015.12.31. 이전 퇴직금을 포함한 연봉제로 전환하여 이후 퇴직금이 없는 조건으로 퇴직금을 중간 정산한 임원에게는 퇴직금을 지급하지 아니한다.

③ 회사는 회사 경영에 중대한 손실을 초래하여 민형사상 처벌받아 해임된 임원에게는 퇴직금을 지급하지 아니할 수 있다.

제11조(규정의 개폐)

　이 규정의 개정 및 폐지는 주주총회 결의로 한다.

〈부　칙〉

제1조(시행일)

　이 규정은 202○년 ○○월 ○○일부터 시행한다.

제2조(소급적용)

　이 규정의 시행일 이전부터 재임한 임원은 재임한 날부터 소급하여 이 규정
을 적용한다.

⑤ 근속기간별 임원퇴직금규정 작성예시

➡ 지급규정 작성 개요

근속기간별 임원퇴직급여지급규정은 퇴직하는 임원에 대하여 근속기간별 또는 재임연수별로 퇴직금의 계산기준과 및 금액을 차등하여 지급기준을 정한 규정이다. 이는 근속기간으로 차등을 두어 회사에 장기 근속한 임원에게 퇴직금으로 보상하는 제도이다.

근소기간별 지급률 임원퇴직금규정은 퇴직하는 임원의 퇴직금의 지급률(지급배수, 지급배율)을 근속기간별 또는 재임연수별로 설정하고, 그에 따라 임원퇴직금을 지급하는 규정이다.

- ㉐지급률 : 퇴직 전 1년간 월평균 급여액 × 재임연수별 지급률(지급배수)
- ㉐지급률 : 퇴직 전 1년간 총급여액의 10% × 재임연수별 지급률
- ㉐지급률 : 퇴직 전 3년간 총급여액의 연평균환산액 10% × 재임연수별 지급배수

➡ 근속기간별 임원퇴직금의 손금기준

① 정관 또는 주주총회 결의 임원퇴직금규정의 손금기준 임원퇴직금의 최고한도액은 다음과 같다.

- 손금한도 : 퇴직 전 3년간 총급여액의 연평균급여 10% × 근속연수 × 재임연수별 지급률 = 퇴직금액

② 이사회의 결의 임원퇴직금규정의 손금기준 임원퇴직금의 최고한도액은 다음과 같다.

- 손금한도 : 퇴직 전 1년간 총급여액의 10% × 근속연수 = 퇴직금액

➡ 임원퇴직금의 재임연수별 지급률

- 퇴직하는 임원에게 〈퇴직 전 총급여의 월평균 급여 × 재임연수 × 재임

연수별 지급배수*)의 퇴직금을 지급한다.

- 퇴직하는 임원에게 〈퇴직 전 1년간 총급여의 10% × 재임연수 × 재임연수별 지급배수*)의 퇴직금을 지급한다.
- 퇴직하는 임원에게 〈퇴직 전 3년간 총급여의 연평균환산급여 10% × 재임연수 × 재임연수별 지급배수*)의 퇴직금을 지급한다.

재임연수별 퇴직금 지급률 예서

재임연수별 구분	퇴직금 지급배수*
• 10년 이상	3.0
• 7년 이상	2.5
• 5년 이상	2.0
• 2년 이상	1.5
• 1년 이상	1.0

지급규정의 구성 체계

근속기간별 임원퇴직금규정의 구성 체계는 다음과 같다.

《 근속기간별 임원퇴직금규정의 구성 체계 》

총칙	통칙 (총칙)	목적
		적용 범위
		지급 대상
		⇩
	본칙	계산기준
		근속기간별 지급률
		지급방법
		⇩
	보칙	지급제한
		⇩
부칙		시행일 ｜ 경과규정
별표		별표
서식		서식

근속기간별 임원퇴직금 지급규정

(제정 20 . .)

〈총 칙〉

제1조(목적)

이 규정은 ○○주식회사(이하 "회사"라 한다) 임원의 퇴직급여 지급에 관한 사항을 정함을 목적으로 한다.

제2조(적용 범위)

① 이 규정은 회사의 임원에게 적용한다.

② 제1항의 임원이란 주주총회에서 선임한 이사와 감사, 이사회에서 선임한 비등기임원을 말한다.

> 이 규정은 회사의 이사와 감사에게 적용한다.

제3조(지급 대상)

① 회사는 1년 이상 근속한 임원에게 퇴직금을 지급한다.

② 회사는 임원이 법률로 정한 퇴직금의 중간정산 사유에 의하여 퇴직금의 중간정산을 신청한 임원에게 중간정산 퇴직금을 지급한다.

③ 2015.12.31. 이전 급여제도를 연봉제로 전환하여 향후 퇴직금을 지급받지 않은 조건으로 퇴직금을 중간정산 한 임원이 급여제도의 전환과 퇴직금 지급의 재적용을 주주총회에서 승인한 경우 승인일로부터 1년 이상의 근속한 임원에게 퇴직금을 지급한다.

제4조(퇴직금의 계산)

① 임원의 퇴직금은 퇴직 전 3년간 총급여의 연평균환산급여의 10분의 1에 근속기간 월수를 12로 나눈 근속기간을 곱하여 여기에 지급배수를 곱한 금액으로 계산식은 다음과 같다.

> 퇴직 전 3년간 총급여의 연평균급여액 × 1/10 × (근속기간 월수/12) × 지급배수

② 제1항의 총급여는 다음의 급여를 합하여 계산한다.
   1. 기본급 또는 기본연봉
   2. 정기상여금
③ 제1항의 근속기간 월수는 1개월 미만의 근속기간은 계산하지 아니한다.
④ 직원에서 임원으로 선임된 자는 직원의 근속기간에 대하여 직원퇴직금규정을 적용하여 계산한다.

제5조(퇴직금 지급률)

제4조 제1항의 지급배수는 임원으로 재임한 근속기간을 기준으로 다음과 같이 정한다.

구분	지급배수
재임 근속연수 1년 이상	1.0
재임 근속연수 3년 이상	1.5
재임 근속연수 5년 이상	2.0
재임 근속연수 7년 이상	2.5
재임 근속연수 10년 이상	3.0

제6조(퇴직연금의 가입)

① 회사는 확정기여형 퇴직연금제도를 설정하여 1년 이상 재임한 임원은 동의로서 확정기여형 퇴직연금에 가입할 수 있다.
② 회사는 확정기여형 퇴직연금제도를 설정하여 임원의 퇴직금을 운용할 수 있다.

제7조(연봉제 임원의 퇴직금 재도입)

① 2015.12.31. 이전 급여제도를 연봉제로 전환으로 퇴직금을 정산한 임원이 퇴직금을 포함하지 않은 급여제도로 전환하는 경우 퇴직금 지급 재적요을 신청할 수 있다.
② 제1항의 급여제도 전환과 퇴직금 지급 재적용은 주주총회 또는 이사회의

승인으로 한다.

제8조(퇴직금의 중간정산)

회사는 1년 이상 재임한 임원은 법률로 정한 퇴직금 중간정산의 사유에 해당하는 경우 퇴직금 중간정산을 신청할 수 있다.

제9조(중간정산 후 퇴직금의 기산)

① 퇴직금을 중간정산 한 임원이 퇴직하는 경우 퇴직금을 중간정산일부터 퇴직한 전날까지 근속기간을 퇴직금 계산기간으로 한다.

② 2015.12.31. 이전 연봉제로 전환하여 퇴직금을 정산한 임원이 퇴직금 지급을 재도입하고 퇴직하는 경우 주주총회 또는 이사회의 재도입 승인일부터 1년 이상 근속기간을 퇴직금을 계산기간으로 한다.

제9조(퇴직금의 지급)

① 회사는 퇴직한 임원에게 퇴직금을 14일 이내에 지급한다.

② 회사는 임원의 퇴직금을 통화 및 현금으로 퇴직한 임원명의 급여계좌로 지급한다.

③ 회사는 확정기여형 퇴직연금제도 가입 임원의 퇴직금 계산액을 근속기간 1년에 1회 이상 임원의 연금계좌로 지급한다.

제10조(지급제한)

① 비상근감사와 비상무임원에게는 퇴직금을 지급하니 아니한다.

② 2015.12.31. 이전 급여제도를 퇴직금이 포함 된 연봉제로 전환하여 퇴직금을 정산한 임원에게는 퇴직금을 지급하지 아니한다.

③ 회사는 회사 경영에 중대한 손실을 초래하여 민형사상 처벌받아 해임된 임원에게는 퇴직금을 지급하지 아니한다.

제11조 (규정의 개폐)

이 규정의 개정 및 폐지는 주주총회 결의로 한다.

〈부 칙〉

제1조(시행일)

이 규정은 202○년 ○○월 ○○일부터 시행한다.

제2조(소급적용)

이 규정의 시행일 이전부터 재임한 임원은 재임한 날부터 이 규정을 소급하여 적용한다.

⑥ 임원퇴직위로금규정 작성예시

임원에게 지급하는 퇴직위로금은 정관 또는 주주총회의 결의로 정한 지급규정에 의하여 지급하여야 한다.

⊙ 퇴직위로금 지급규정의 개요

법인세법상 손금에 산입하는 임원 퇴직위로금은 정관에 퇴직급여(퇴직위로금 등을 포함한다)로 지급할 금액이 정하여진 경우에는 정관에 정하여진 금액으로 정관에 임원의 퇴직급여를 계산할 수 있는 기준이 기재된 경우를 포함하며, 정관에서 위임된 퇴직급여지급규정이 따로 있는 경우에는 해당 규정에 의한 금액에 의한다(법영44④1,⑤).

- 정관에 정한 퇴직위로금
- 정관의 위임으로 주주총회의 결의로 정한 임원퇴직위로금 지급규정에 의한 금액
- 법인세법의 퇴직금 한도액 이내로 지급하는 임원퇴직위로금

⊙ 퇴직위로금의 지급 대상자

일반적으로 임원에게 퇴직위로금을 지급하는 경우는 퇴직금을 지급하지 아니하는 임원, 임기 만료 전에 퇴직하는 임원, 사업중단으로 퇴직하는 임원 등에게 퇴직에 따른 위로금을 지급한다.

임원퇴직위로금 지급 대상은 다음과 같다.

- 퇴직금이 없는 1년 이내 근속기간의 임원
- 계약기간 만료 1년 전에 명예퇴직하는 임원
- 사업의 중단 및 종료로 퇴직하는 임원
- 경영상 구조조정으로 조기 퇴직하는 임원

퇴직위로금의 손금부인

일반적으로 임원에게 지급하는 퇴직위로금은 손금부인 대상이므로 유의하여 지급하여야 한다. 손금부인 대상은 다음과 같다.

- 임원퇴직금을 지급하고 추가로 퇴직위로금을 지급하는 경우
- 비상무임원에게 퇴직위로금을 지급하는 경우
- 지급규정 없이 퇴직위로금을 지급하는 경우
- 이사회의 결의로 퇴직위로금을 지급하는 경우

지급규정의 구성 체계

임원퇴직위로금규정의 구성 체계는 다음과 같다.

《 임원 퇴직위로금 규정의 구성 체계 》

총칙	통칙 (총칙)	목적
		적용 범위
		퇴직위로금 지급 대상
	⇩	
	본칙	퇴직위로금 지급기준
		퇴직위로금 계산기준
		퇴직위로금 지급방법
	⇩	
	보칙	퇴직위로금 지급제한

⇩

부칙	시행일 ∣ 경과규정
별표	별표
서식	서식

임원퇴직위로금 지급규정

(제정 20 . .)

〈총 칙〉

제1조(목적)

이 규정은 ○○주식회사(이하 '회사'라 한다) 임원의 퇴직위로금 지급에 관한 사항을 정함을 목적으로 한다.

제2조(적용 범위)

① 이 규정은 회사의 임원에게 적용한다.

② 제1항의 임원이란 주주총회에서 선임한 이사와 감사, 이사회에서 선임한 비등기임원을 말한다.

> 이 규정은 회사의 이사와 감사에게 적용한다.

제3조(지급 대상)

회사는 다음의 임원에게 퇴직위로금을 지급할 수 있다.

1. 1년 미만 근속하고 퇴직하는 임원
2. 임기 만료 전 사임으로 명예퇴직하는 임원
3. 임기 만료로 퇴직하는 무보수 임원
4. 사업중단 등으로 퇴직하는 임원
5. 경영상 구조조정으로 퇴직하는 임원
6. 기타 이사회의 결정으로 퇴직위로금을 지급하는 임원

제4조(1년 미만 근속한 임원)

회사는 초임으로 6개월 이상 1년 미만 근속하고 퇴임하는 임원에게 퇴직위로금을 다음과 같이 지급할 수 있다.

구분	퇴직위로금
6개월 이상 1년 미만 근속 임원	200만 원

제5조(이사의 명예퇴직금)

회사는 제4조의 임원을 제외하고 임기 3년의 등기이사가 2년 이상 근속하고 잔여 임기 11개월 이상을 두고 사임으로 명예퇴직하는 등기이사에게 퇴직위로금을 다음과 같이 지급할 수 있다.

구분	퇴직위로금
대표이사	6개월분의 급여
전무이사	4개월분의 급여
상무이사	3개월분의 급여
이사	2개월분의 급여

제6조(비등기임원의 명예퇴직금)

회사는 제4조의 임원을 제외하고 임기 2년의 비등기임원이 1년 이상 근속하고 잔여 임기 11개월 이상을 두고 사임으로 명예퇴직하는 비등기임원에게 퇴직위로금을 다음과 같이 지급할 수 있다.

구분	퇴직위로금
본부장	2개월분의 급여
기술연구소 소장	2개월분의 급여
기타직 비등기임원	1개월분의 급여

제7조(비상근감사의 위로금)

회사는 제4조의 임원을 제외하고 임기 3년의 등기감사가 2년 이상 근속하고 잔여 임기 11개월 이상을 두고 사임으로 퇴임하는 등기감사에게 퇴직위로금을 다음과 같이 지급할 수 있다. 다만, 퇴직금을 지급하는 등기감사에게는 위로금을 지급하지 아니한다.

구분	퇴직위로금
등기 감사	120만원

제8조(이사회 결정 퇴직위로금)

회사는 제4조 제5조 제6조 제7조의 임원을 제외하고 퇴임하는 임원에게 퇴직위로금을 이사회의 결의로 다음과 같이 지급할 수 있다.

구분	퇴직위로금
퇴임 임원	6개월 급여 상당액 이내

제9조(지급일)

① 회사는 임원의 퇴직위로금을 퇴직일로부터 14일 이내에 지급한다. 다만, 특별한 사정이 있는 경우 1개월 이내에 지급할 수 있다.

② 회사는 임원의 퇴직위로금은 통화 및 현금으로 퇴직하는 임원명의 계좌로 지급한다.

제10조(지급제한)

① 회사는 다음에 해당하는 임원에게 퇴직위로금을 지급하지 아니한다.

  1. 이사회에서 징계처분으로 해임된 임원

  2. 법원의 판결로 형사상 처벌을 받은 임원

  3. 제1항 또는 제2항에 준하는 행위를 한 임원

② 회사는 이사회의 결의로 퇴직위로금을 지급하지 않을 수 있다.

제11조(감액 등)

회사는 이사회의 결의로 임원에게 지급하는 퇴직위로금을 감액 또는 증액하거나 지급하지 아니할 수 있다.

제12조 (규정의 개폐)

이 규정의 개정 및 폐지는 주주총회 결의로 한다.

〈부 칙〉

제1조(시행일)

　　이 규정은 202○○년 ○○월 ○○일부터 시행한다.

제2조(소급적용)

　　이 규정의 시행일 이전부터 재임한 임원에게는 소급하여 적용한다.

6절　　임원퇴직금규정 제정과 결의

① 임원퇴직금규정 제정의 주주총회 결의

➡ 주주총회의 임원퇴직금규정 제정기준

　정관의 위임으로 주주총회에서 결의하는 임원의 퇴직금은 계산기준 또는 임원퇴직금액을 정한 퇴직급여지급규정(임원퇴직금규정)에 의한 금액이어야 한다. 그러므로 임원의 퇴직금은 임원퇴직금규정을 주주총회의 결의로 제정하여 지급하여야 한다.

　주주총회 결의 임원퇴직금규정은 다음의 요건을 모두 갖추어 제정하여야 한다.

1. 정관의 위임이 있을 것
2. 주주총회의 결의로 정할 것
3. 이사, 감사를 포함한 임원퇴직금일 것
4. 퇴직금액 또는 계산기준을 정한 임원퇴직금규정일 것

➡ 임원퇴직금규정의 작성 기준

　주주총회 결의로 정하는 임원퇴직금규정은 임원퇴직금의 계산방법과 금액 등을 포함한 지급기준으로 작성하여야 한다.

1. 임원퇴직금의 지급대상
2. 임원퇴직금의 계산방법
3. 임원퇴직금의 지급률(지급배율, 지급배수 포함)
4. 임원퇴직금의 지급방법 및 지급시기

🔅 주주총회의 보통결의

주주총회 결의로 정하는 임원퇴직금규정은 주주총회의 보통결의로 제정한다. 주주총회의 보통결의 요건은 다음과 같다.

구분	주주총회 보통결의
임원퇴직금규정 제정	• 출석한 주주 의결권의 과반수와 발행주식의 4분의 1 이상

🔅 임원퇴직금규정의 주주총회 결의 제정 절차

임원퇴직금규정의 주주총회 결의 제정 절차는 다음과 같다.

절차	결의사항	관련 규정
정관	• 임원퇴직금규정의 위임규정	• 정관
주주총회	• 임원퇴직금규정 제정 결의	• 주총결의서

● 임원퇴직금규정 제정 주주총회결의서 작성예시

임원퇴직금규정의 제정을 위한 주주총회결의서 작성을 예시하면 다음과 같다.

정기 주주총회의사록

코페하우스 주식회사는 정관에 의하여 주주총회를 소집하여 다음과 같이 의결하였다.

1. 소집

1-1. 일시: 202×년 3월 20일, 오전 10:00시

1-2. 장소: 서울특별시 강남구 테헤란로 1 코페하우스 본사 회의실

1-3. 출석 주주 (의결권 있는 주주와 주식)

    – 주주 총수: 5명　　　– 발행주식 총수: 200,000주

    – 출석주주 수: 5명　　– 출석주주 주식 수: 200,000주

(별지1) 출석주주 명부

2. 개회

정관에 의하여 대표이사 ○○○이 의장으로서 총회를 진행하다. 의장은 위와 같이 총회소집일시에 주주출석으로 총회소집이 적법하게 성립됨을 알리고 당일 오전 10시 10분에 총회의 개회를 선언하다.

3. 의결

제1호 의안 : 임원퇴직금규정의 승인 건

의장은 임원의 퇴직금을 (별지2) 임원퇴직금지급규정에 의하여 지급 필요성을 설명하고, 이를 의안으로 상정하여 심의 및 결의를 요청하여 출석 주주 전원이 찬성하여 승인으로 가결하다.

(별지2) 임원퇴직금지급규정

---

4. 폐회

의장은 위와 같이 주주총회의 안건을 모두 심의 및 의결하였음을 설명하고 총회의 종료를 알리고 당일 오전 11시 00분에 임시주주총회의 폐회를 선언하다.

5. 증명

위와 같이 총회 의결의 경과요령을 명확히 하기 위하여 의사록을 작성하고 의장과 이사가 서명 또는 기명날인으로 증명한다.

202×년 3월 20일

(회사명) 코페하우스 주식회사

(소재지) 서울특별시 강남구 테헤란로 1

(대표이사)　　　　　　　(인)

(사내이사)　　　　　　　(인)

(사내이사)　　　　　　　(인)

② 임원퇴직금규정 제정의 이사회 결의

⮞ 이사회의 임원퇴직금규정 제정기준

정관이나 주주총회에서 임원의 퇴직금지급규정을 정하지 않은 경우 이사회의 결의로 임원퇴직금규정을 제정할 수 있다. 이사회 결의 임원퇴직금규정의 결의요건은 다음과 같다.

1. 정관·주주총회 또는 이사회의 결의로 정한 임원보수한도액 이내의 퇴직금을 정한 임원퇴직금규정일 것
2. 퇴직 전 1년간 총급여의 10% × 근속연수의 임원퇴직금액 이내를 정한 임원퇴직금규정일 일 것
3. 1~2의 퇴직금액 또는 계산기준을 정한 임원퇴직금규정일 것

⮞ 손금기준 임원퇴직금의 이사회의 결의

이사회의 결의로 정하는 임원퇴직금 또는 임원퇴직금규정의 퇴직금액은 다음의 금액을 준용한다.

법인세법은 임원이 퇴직하는 날부터 소급하여 1년 동안 해당 임원에게 지급한 총급여액의 10분의 1에 상당하는 금액에 근속연수를 곱한 금액을 초과하는 금액은 손금에 산입하지 아니한다. (법영§44④2)

또한, 이 경우 해당 임원이 직원에서 임원으로 된 때에 퇴직금을 지급하지 아니한 경우에는 직원으로 근무한 기간을 근속연수에 합산할 수 있다.

구분	이사회결의 임원퇴직금 손금기준
임원퇴직금액	1. 퇴직 전 1년간 총급여의 10% × 근속연수 = 퇴직금액
임원퇴직금규정	2. 1의 퇴직금액 계산기준을 정한 임원퇴직금규정에 의한 퇴직금액

📌 이사회결의서 결의

임원퇴직금규정의 이사회 결의는 이사 과반수의 출석과 출석이사의 과반수로 한다(상법§391조①).

구분	이사회의 결의
임원퇴직금규정 제정	• 이사 과반수의 출석과 출석이사 과반수 이상으로 결의

📌 임원퇴직금규정 제정의 이사회 결의 절차

임원퇴직금규정의 제정을 위한 이사회의 결의 절차는 다음과 같다.

결의	결의사항	관련 규정
이사회	• 임원퇴직금규정	• 이사회 결의서

⮕ 임원퇴직금규정 제정 이사회결의서 작성예시

임원퇴직금규정의 제정의 이사회결의서 작성을 예시하면 다음과 같다.

이사회의사록

코페하우스 주식회사는 정관에 의하여 이사회를 소집하여 다음과 같이 의결하였다.

1. 소집

    1-1. 일시: 202×년 2월 10일, 오전 10시:00분

    1-2. 장소: 서울특별시 강남구 테헤란로 1 코페하우스 본사 회의실

    1-3. 출석: 이사

        - 이사의 수: 3명   - 출석이사: 3명

    (별지1) 출석이사 명부

2. 개회

정관에 의하여 대표이사 ○○○이 의장으로서 이사회 회의를 진행하다. 의장은 위와 같이 이사회 소집 의결정족수 이사의 출석으로 이사회의 소집이 적법하게 성립됨을 알리고 당일 오전 10시 10분에 이사회의 개회를 선언하다.

3. 의결

제1호 의안 : 임원퇴직금규정의 승인 건

의장은 임원퇴직금을 (별지2) 임원퇴직금규정에 의하여 지급의 필요성을 설명하고 이를 의안으로 상정하여 심의 및 결의를 요청하여 출석이사 전원이 찬성하여 승인으로 가결하다.

    (별지2) 임원퇴직금규정

4. 폐회

의장은 위와 같이 이사회의 안건을 모두 심의 및 결의하였음으로 총회의 종료를 알리고 당일 오전 11시:00분에 이사회의 폐회를 선언하다.

5. 증명

위와 같이 이사회의 의결을 명확히 하기 위하여 경과요령에 대한 의사록을 작성하고 의장과 이사, 감사가 서명 또는 기명날인으로 증명한다.

202×년 2월 10일

(회 사 명) 코페하우스 주식회사

(소 재 지) 서울특별시 강남구 테헤란로 1

(대표이사)	(인)
(사내이사)	(인)
(사내이사)	(인)
(감 사)	(인)

6장

임원 개별보수포괄과 지급규정
작성과 관리

임원 개별보수포괄과 지급규정은?

임원 개별보수포괄 지급규정이 필요한 기업은?
임원 개별보수포괄(임원급여·상여·퇴직금)의 결정기준은?
임원 개별보수포괄(급여·상여·퇴직금)의 임금기준은?
임원 개별보수포괄(급여·상여·퇴직금)의 급여지급기준은?
임원 개별보수포괄(급여·상여·퇴직금)의 손금기준은?
임원 개별보수포괄 지급규정의 설계·작성·제정은?

이에 관하여
「6장 임원 개별보수포괄과 지급규정 작성과 관리」에서 명확히 제시한다.

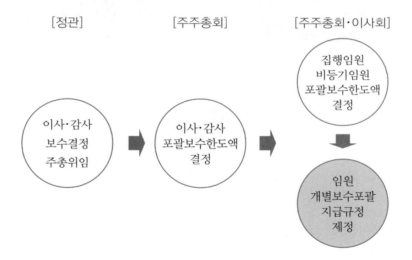

1절 임원 개별보수포괄 지급규정 작성과 예시

1 임원 개별보수포괄 지급규정의 개요

임원 개별보수포괄 지급규정의 개요

이 규정은 정관의 위임으로 주주총회 결의로 정한 이사와 감사의 포괄보수 총액 및 최고한도액과 정관이나 주주총회 또는 이사회의 결의로 정한 집행임원과 비등기임원의 포괄보수 총액 및 최고한도액 이내에서 주주총회 또는 이사회의 결의로 임원의 개별보수 포괄 지급기준을 정한다.

임원 개별보수포괄의 구성

임원 개별보수포괄 구성은 다음의 개별보수로 구성한다.

- 급여
- 상여금
- 퇴직금
- 기타보수

급여의 설계

임원의 급여는 1년을 계산 기간으로 다음의 급여로 고정급을 구성한다. 또한, 임원의 연간급여는 월할하여 1년간 매월 정기적으로 지급하는 정기급으로 설계한다.

- 연간 기본급
- 연간 직책수당

또한, 다음과 같이 직위별 직책별 등으로 기본급 및 직책수당의 차등 지급을 설계할 수 있다.

구분	대표이사	전무이사	상무이사	본부장
기본급(년)	8,000만원	7,000만원	6,000만원	5,000만원
직책수당(년)	800만원	700만원	600만원	500만원

🔷 상여금의 설계

임원의 상여금은 고정급 정기상여금과 변동급 실적성과급으로 하고 그 지급기간은 1년으로 한다. 또한, 정기상여금은 분기별 또는 반기별로 계산 및 지급 시기를 설계한다. 성과급은 변동급으로 반기, 연간 등으로 계산 및 지급시기를 설계한다.

- 정기상여금 : 고정급의 분기별·반기별 상여금
- 실적성과급 : 변동급의 분기별·반기별 성과급

또한, 정기상여금은 직위별 직책별로 차등 지급을 다음과 같이 연간 기본급을 기준으로 설계할 수 있다.

구분	대표이사	전무이사	상무이사	본부장
정기상여금(년)	연간 기본급의 12분의 4	연간 기본급의 12분의 4	연간 기본급의 12분의 3	연간 기본급의 12분의 3

🔷 퇴직금의 설계

임원의 퇴직금은 〈퇴직 전 1년간 총급여의 10% × 재임연수 × 지급배수〉로 계산한다. 또한, 퇴직급여의 지급배수를 직책별 등으로 다음과 같이 차등 지급을 설계할 수 있다.

구분	대표이사	전무이사	상무이사	본부장
직책별 지급배수	3.0	2.5	2.0	1.5

🔹 차등 지급기준의 원칙

임원의 개별보수포괄 지급규정은 각각의 개별보수에 대하여 포괄적으로 적용하는 하나의 차등 지급기준을 적용해야 한다.

- 직위별 차등 기준 : 직위의 승진 및 승급의 기준
- 직책별 차등 기준 : 직책의 권한과 책임의 기준
- 직무별 차등 기준 : 직무의 특성에 의한 기준
- 근속기간별 기준 : 재임 기간의 기준

❷ 임원 개별보수(급여·상여금·퇴직금)포괄 지급규정의 작성 예시

➡ 임원 개별보수포괄 지급규정의 개요

임원의 개별보수〈급여〉,〈상여금〉,〈퇴직금〉등을 하나의 지급규정으로 포괄하여 제정하는 것을 말한다. 임원의 개별보수 지급기준을 포괄 지급규정으로 제정한다.

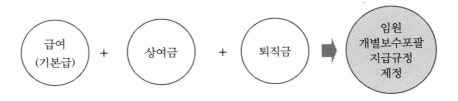

➡ 작성 항목의 구성

임원의 개별보수포괄 지급규정의 작성항목은 다음과 같다.
- 목적, 적용범위, 지급대상
- 용어의 정의
- 보수의 구성, 보수의 산정 기간
- 보수의 지급, 보수의 지급 제한
- 지급규정의 준수, 지급규정의 개폐
- 지급규정의 시행일, 경과규정 등

➡ 개별보수 포괄의 구성

임원 개별보수포괄 지급규정의 보수구성은 다음과 같다.
1. 기본급
2. 상여금
3. 퇴직금

4. 기타보수 등

🔹 개별보수 포괄 산정기간의 원칙

개별보수 포괄의 산정기간은 각 사업연도의 1사업기를 산정기간으로 한다.

- 12월 말 결산법인 : 매년 1월 1일부터 12월31일까지 1년간
- 3월 말 결산법인 : 매년 4월 1일부터 다음 해 3월 말일까지
- 6월 말 결산법인 : 매년 7월 1일부터 다음 해 6월 말일까지
- 9월 말 결산법인 : 매년 10월 1일부터 다음 해 9월 말일까지

🔹 급여(기본급)의 획정

급여는 직위별 경영책임자, 직책별 책임자, 직무별 담당자의 기본급의 지급기준을 획정한다.

- 직위별 경영책임자 : 대표이사, 전무이사, 상무이사
- 직무별 책임자 : 생산본부장, 영업본부장, 관리본부장
- 직무별 담당자 : 생산담당자, 영업담당자, 관리담당자

🔹 정기상여금의 획정

경영책임자는 직위별로 정기상여금의 지급기준을 획정하고, 직무책임자는 직책별로 정기상여금의 지급기준을 획정한다.

- 경영책임자 이사의 정기상여금
- 직무책임자 본부장의 정기상여금

🔹 퇴직금의 산정

퇴직금은 1년 이상 근속하고 퇴임하는 임원에게는 지급한다. 퇴직금은 〈〈퇴직 전 3년간 총급여의 연평균환산액 10% × 재임연수 × 지급배수〉로 계산한다.

임원 퇴직금 계산식에서

- 3년간 총급여란 3년 미만 재임기간을 포함한다.
- 재임연수란 직책별 재임연수로 계산하고
- 지급배수는 직책별 지급배수로 한다.

⟐ 개별보수 포괄지급 등

지급규정은 다음 사항을 준수하여 규정한다.

1. 기본급은 매월 정기적으로 지급을 원칙으로 한다.
2. 정기상여금은 산정기간에 의한 정기 지급을 원칙으로 하되 재임자 지급을 원칙으로 한다.
3. 퇴직금은 퇴직할 때 지급하되, 확정기여형 퇴직연금 가입자는 재임 중 1년에 1회 이상 퇴직연금부담금 지급을 원칙으로 한다.

임원 개별보수(급여·상여·퇴직금) 지급규정

(제정 202 . .)

〈총 칙〉

제1조(목적)

이 규정은 ○○주식회사(이하 "회사"라 한다) 임원의 개별보수 지급기준에 관하여 정함을 목적으로 한다.

제2조(적용범위)

이 규정은 회사에 재임하는 상근임원에게 적용한다.

이 규정은 회사에 재직하는 이사와 감사에게 적용한다.

제3조(임원의 정의)

이 규정 및 제2조의 임원은 다음의 임원을 말한다.

1. 등기임원
2. 비등기임원

제4조(임원보수의 구성)

임원의 보수는 다음의 보수로 구성한다.

1. 기본급
2. 정기상여금
3. 특별상여금
4. 퇴직금
5. 기타 제 수당

제5조(기본급의 산정과 획정)

① 연간 기본급은 매년 1월 초일부터 12월 말일까지 1년간 근속한 임원에게 제3항의 연간 기본급을 지급한다.

② 월간 기본급은 매월 초일부터 말일까지 1개월간 근속한 임원에게 제3항의 월간 기본급을 지급한다.

③ 임원의 기본급을 다음과 같이 획정한다.

구분	기본급	
	년간	월간
대표이사	8,400만원	700만원
전무이사	7,200만원	600만원
상무이사	6,000만원	500만원
비상근감사	1,200만원	100만원
생산본부장	5,400만원	450만원
영업본부장	5,400만원	450만원
관리본부장	5,400만원	450만원

제6조(정기상여금의 산정과 획정)

① 연간 정기상여금은 매년 1월 초일부터 12월 말일까지 1년간 근속한 임원에게 제3항의 연간 상여금을 지급한다.

② 분기별 정기상여금을 매분기 초일부터 말일까지 3개월간 근속한 임원에게 제3항의 분기별 상여금을 지급한다.

③ 임원의 정기상여금을 다음과 같이 획정한다.

구분	정기상여금	
	연간 상여금	분기별 상여금
대표이사	기본급 월급의 400%	700만원
전무이사	기본급 월급의 400%	600만원
상무이사	기본급 월급의 400%	500만원
생산본부장	기본급 월급의 400%	450만원
영업본부장	기본급 월급의 400%	450만원
관리본부장	기본급 월급의 400%	450만원

제7조(특별상여금의 지급)

① 회사는 임원에게 특별상여금을 다음의 날에 지급할 수 있다.

　1. 설날

　2. 추석

3. 회사창립일

　② 제1항의 특별상여금은 각각 기본급 월봉의 금액 이내로 이사회의 결정으로 지급할 수 있다.

제8조(퇴직금의 산정과 확정)

　① 퇴직하는 임원의 퇴직금은 1년 이상 근속한 임원에게 다음 1의 퇴직급여 계산식에 의하여 퇴직금을 지급한다. 퇴직급여 계산식의 지급배수는 2의 직책별 지급배수로 한다.

　1. 퇴직급여 계산식

> 퇴직금=퇴직 전 3년간 총급여의 연평균환산액 10% × 직책별 재임연수 × 지급배수

　2. 직책별 지급배수

구분	대표이사	전무이사	상무이사	본부장
지급배수	3.0	2.5	2.0	1.5

　② 제1항 제1호의 3년간 총급여는 1년 이상 3년 미만의 기간을 포함하고, 직책별 재임연수는 12분의 재임월수로 계산하고 1개월 미만은 1개월로 기산한다.

제9조(임원보수의 지급)

　① 회사는 임원의 월간 기본급을 매월 ○○일에 지급한다.

　② 회사는 임원의 분기간 정기상여금을 매분기 말월의 월간 기본급의 지급일에 지급한다.

　③ 임원의 퇴직금은 퇴직일로부터 14일 이내에 지급한다.

제10조(지급제한)

　① 기본급과 정기상여금은 근무일에 결근한 날에 대하여 일급으로 계산하여 지급하지 아니한다.

　② 정기상여금은 지급일 기준 재임하는 임원에게 지급한다.

제11조 (규정의 개폐)

　이 규정의 개정 및 폐지는 주주총회의 결의로 한다.

〈부칙〉

제11조(시행일)

이 규정은 202○년 ○○월 ○○일부터 시행한다.

❸ 임원 개별보수(급여·성과급)포괄 지급규정의 작성예시

➡️ 임원 급여·성과급 포괄 지급규정의 개요

임원의 개별보수(급여·성과급)를 포괄하여 하나의 지급규정으로 제정하는 것으로 임원의 급여·성과급 지급기준을 포괄하여 지급규정으로 제정한다.

➡️ 작성 항목의 구성

임원의 개별보수포괄 지급규정의 작성항목은 다음과 같다.

- 목적, 적용범위, 지급대상
- 용어의 정의
- 보수의 구성, 보수의 산정 기간
- 보수의 지급, 보수의 지급 제한
- 지급규정의 준수, 지급규정의 개폐
- 지급규정의 시행일, 경과규정 등

➡️ 개별보수 포괄의 구성

임원의 개별보수 포괄은 다음과 같이 구성한다.

- 연간 기본급
- 연간 성과급

개별보수 포괄의 산정기간

임원의 기본급과 성과급의 산정기간은 각 사업연도 사업기의 연간 또는 월간으로 한다.

- (예) 12월 말 결산법인 : 매년 1월 초일부터 12월 말일까지 1년간

기본급의 지급기준

기본급은 직위별 또는 직책별로 지급기준을 지급규정을 설계한다. 경영책임자 임원은 직위별로 차등 지급기준을 두고, 직무책임자 임원은 직책별로 차등 지급기준 등으로 둔다.

- 경영책임자 : 대표이사(사장), 전무이사(전무), 상무이사(상무), 상무보 사업본부장, 사업부문장, 지역본부장 등
- 직무책임자 : 관리본부장, 생산본부장, 영업본부장, 기술연구소장 등

성과급의 지급기준

성과급은 경영과 조직의 성과에 대한 지급기준으로 지급규정을 설계한다. 경영부문과 조직부문의 성과평가 기준을 다음과 같이 둘 수 있다.

- 경영부문 : 매출액, 순매출액, 영업이익 등
- 생산부문 : 생산량, 불량률, 원자재소모량 등
- 영업부문 : 판매량, 판매채널, 거래처개발 등
- 관리부문 : 마케팅, 자금조달, 생산지원, 영업지원 등

개별보수의 지급

기본급은 고정급으로 매월 정기지급을 원칙으로 한다. 성과급은 분기별 발생한 성과에 대하여 변동급으로 지급한다.

- 기본급 : 매월 고정급으로 지급
- 성과급 : 분기별 변동급으로 지급

임원보수(기본급·성과급) 지급규정

(제정 202 . .)

〈총 칙〉

제1조(목적)

이 규정은 ○○주식회사(이하 "회사"라 한다) 임원의 개별보수 지급기준에 관하여 정함을 목적으로 한다.

제2조(적용범위)

이 규정은 회사에 재임하는 상근임원에게 적용한다.

이 규정은 회사에 재직하는 이사에게 적용한다.

제3조(임원의 정의)

이 규정 및 제2조의 임원은 다음의 임원을 말한다.

1. 주주총회에서 선임한 이사로 등기이사를 말한다.
2. 이사회에서 선임한 비등기임원을 말한다.

제4조(임원보수의 구성)

임원의 보수는 다음의 보수로 구성한다.

1. 기본급
2. 성과급
3. 퇴직금

제5조(기본급의 산정과 책정)

① 연간 기본급은 매년 1월 초일부터 12월 말일까지 1년간 근속한 임원에게 제3항의 연간 기본급을 지급한다.

② 월간 기본급은 매월 초일부터 말일까지 1개월간 근속한 임원에게 제3항의 월간 기본급을 지급한다.

③ 임원의 기본급을 다음과 같이 책정한다.

구분	기본급	
	년간	월간
대표이사	8,400만원	700만원
전무이사	7,200만원	600만원
상무이사	6,000만원	500만원
생산본부장	5,400만원	450만원
영업본부장	5,400만원	450만원
관리본부장	5,400만원	450만원

제6조(성과급의 산정과 책정)

① 성과급 산정을 위한 매 분기별 목표달성기준은 다음과 같다.

구분	목표달성기준
1분기 매출액	50억 원
2분기 매출액	50억 원
3분기 매출액	50억 원
4분기 매출액	50억 원

② 제1항의 목표달성기준에 대한 다음의 분기별 목표 달성률로 분기별 성과급을 다음과 같이 책정한다.

분기별 목표 달성률	분기별 성과급
110% 이상	연간 기본급의 10%
120% 이상	연간 기본급의 20%
130% 이상	연간 기본급의 30%

제7조(퇴직금의 지급)

임원의 퇴직금은 정관의 위임으로 주주총회의 결의로 정한 〈임원퇴직급여지급규정〉에 의하여 지급한다.

제8조(임원보수의 지급)

① 임원의 월간 기본급은 매월 ○○일에 지급한다.
② 임원의 분기별 성과급은 월간 기본급의 지급일에 지급한다.

제9조(지급제한)

① 기본급과 성과급은 근무일에 결근한 날에 대하여 일급으로 계산하여 지급하지 아니한다.

② 성과급은 지급일 기준 재임하는 임원에게 지급한다.

제10조 (규정의 개폐)

이 규정의 개정 및 폐지는 이사회의 결의로 한다.

이 규정의 개정 및 폐지는 주주총회의 결의로 한다.

〈부칙〉

제11조(시행일)

이 규정은 202〇년 〇〇월 〇〇일부터 시행한다.

① 임원 개별보수포괄 지급규정의 제정개요

이사·감사의 포괄보수 지급규정 제정

제정요건

이사·감사의 보수를 정관이나 정관의 위임으로 주주총회에서 포괄보수 최고한도액을 결정 한 경우 이사·감사의 개별보수는 주주총회 또는 주총의 위임으로 이사회의 결의로 정한 임원보수지급규정에 의한다.

제정 절차

주주총회 결의로 임원보수지급규정을 제정하는 절차는 다음과 같다.

절차	결의사항	결의서 등
정관	• 이사·감사의 보수결정 주총결의 위임	• 정관
주주총회	• 이사·감사의 포괄보수 총액 및 한도액	• 주총결의서
주주총회	• 임원 개별보수포괄 지급규정	• 주총결의서

집행임원·비등기임원의 개별보수포괄 지급규정 제정

제정요건

집행임원·비등기임원의 보수는 주주총회 또는 이사회의 결의로 결정할 수 있다.

집행임원·비등기임원의 포괄보수 총액 및 최고한도액을 이사회의 결의로 정한 경우 집행임원·비등기임원의 개별보수는 이사회결의로 정한 임원 개별보수포괄 지급규정에 의한다.

◉ 제정 절차

이사회의 결의로 정하는 임원 개별보수포괄 지급규정을 제정하는 절차는 다음과 같다.

절차	결의사항	결의서
이사회	• 집행임원·비등기임원의 포괄보수 총액 및 한도액	• 이사회결의서
이사회	• 임원 개별보수포괄 지급규정	• 이사회결의서

❷ 임원 개별보수포괄 지급규정의 주주총회결의서 작성예시

(정기) 주주총회의사록

코페하우스 주식회사는 다음과 같이 정기주주총회를 소집 및 개최하여 상정된 안건을 심의 및 결의하였습니다.

1. 소집

    1-1. 일시: 202X 년 3월 20일, 오전 10:00시

    1-2. 장소: 서울특별시 테헤란로 1 코페하우스 본사 회의실

    1-3. 출석주주 (의결권 있는 주주와 주식)

        – 주주총수: 5명   – 발행주식 총수: 20,000주

        – 출석주주 수: 5명   – 출석주주 주식 수: 20,000주

    (첨부1) 주주명부

2. 개회

정관에 의하여 대표이사 ○○○이 총회의 의장으로서 위와 같이 총회의결정족수 이사의 주주가 출석으로 총회개최가 적법하게 성립됨을 알리고 오전 10시 10분에 총회의 개회를 선언하다.

3. 의결

제1호 의안 : 임원의 보수한도의 승인 건

의장은 당기 임원의 보수한도를 다음과 같이 의안으로 상정하여 심의 및 결의를 요청하여 출석주주 전원이 찬성하여 승인으로 가결하다.

구분	전기(7기)	당기(8기)
이사의 수	3명	4명
보수총액 및 최고한도액	4억원	5억원

제2호 의안 : 임원보수지급규정의 승인 건

의장은 제1호 의안의 임원보수결정 승인액 이내에서 이사의 개별보수를 (첨부2) 임원보수지급규정에 의하여 지급할 것을 설명하고, 이를 의안으로 상정하여 심의 및 결의를 요청하여 출석주주 전원이 찬성하여 승인으로 가 결하다.

　(첨부2) 임원보수지급규정

4. 폐회

의장은 위와 같이 총회의 안건 모두를 심의 및 결의하였음으로, 총회의 종 료를 알리고 오전 11시 00분에 정기주주총회의 폐회를 선언하다.

위와 같이 총회의 의사 및 결의 결과를 명확히 하기 위하여 경과요령에 대 한 의사록을 작성하고 의장과 이사가 서명 및 기명날인으로 증명한다.

202X 년 3월 20일

첨부서면

(첨부1) 출석주주 명부

(첨부2) 임원보수지급규정

코페하우스 주식회사

서울특별시 강남구 테헤란로 123

　　(대표이사)　　　　　　　(인)

　　(사내이사)　　　　　　　(인)

　　(사내이사)　　　　　　　(인)

③ 임원 개별보수포괄 지급규정의 이사회결의서 작성예시

(제○차) 이사회의사록

코페하우스 주식회사는 다음과 같이 이사회를 소집하여 회의 목적 사항을 심의 및 결의하다.

1. 소집

　　1-1. 일시: 202×년 2월 20일, 오전 10시

　　1-2. 장소: 서울특별시 테헤란로 1 코페하우스 본사 회의실

　　1-3. 출석: 이사 등

　　　　– 이사 총수: 3명　　　　– 출석이사: 3명

　　　　– (감사의 수: 1명)　　　– (출석감사: 1명)

　　(첨부1) 이사회 출석명부

2. 개회

정관 규정에 따라 대표이사 ○○○이 의장으로서 위와 같이 이사회의결정족수 이상의 이사가 출석하여 이사회의 개최가 적법하게 성립됨을 알리고 오전 10시 10분에 이사회의 개회를 선언하다.

3. 의결

제1호 의안 : 임원보수지급규정 승인의 건

의장은 주주총회에서 위임한 이사와 감사의 개별보수를, 집행임원과 비등기임원의 개별보수를 (첨부2) 임원보수지급규정에 의하여 지급할 것을 설명하고, 이를 의안으로 상정하여 심의 및 결의를 요청하여 출석이사 전원이 찬성하여 승인으로 가결하다.

　　(첨부2) 임원보수지급규정

4. 폐회

의장은 위와 같이 이사회의 회의목적사항을 모두 심의 및 결의하였음을 설명하고 총회의 종료를 알리고 오전 11시에 이사회의 폐회를 선언하다.

위와 같이 이사회의 경과요령과 의사 및 결과에 대한 의사록을 작성하고 의장과 이사, 감사가 서명 또는 기명날인으로 증명한다.

202 년 2월 20일

(첨부서면)
(첨부1) 이사회 출석명부
(첨부2) 임원보수지급규정

코페하우스 주식회사
서울특별시 강남구 테헤란로 123

(대표이사)　　　　　(인)

(사내이사)　　　　　(인)

(사내이사)　　　　　(인)

(감　　사)　　　　　(인)

참고문헌

- 강석원. KOFE 회사규정집(19판). 코페하우스
- 강석원. 총무인사업무매뉴얼. 코페하우스
- 강영식. 인사노무관리실무. 코페하우스
- 송옥렬. 상법강의, 홍문사 2022
- 안상근. 법인세실무해설. 코페하우스
- 윤강욱. 근로자퇴직급여보장법 해설. 법제처
- 이철송. 회사법, 박영사 2022
- 임재연. 회사법2, 박영사 2022
- 최준선. 회사법, 삼영사 2022
- 한정봉. 노무관리4대핵심실무. 코페하우스
- 홍복기. 회사법강의, 법문사 2021

- 박정국. 임원보수공시제도에 대한 소고, 서울법학 제23권제1호, 서울대학교법학연구소, 2015
- 송민경·윤진수·정재규, 개인별 임원보수의 사업보고서 기재현황분석, BFL제65호, 서울대학교금융법센터, 2015
- 윤영신. 주주총회 승인결의가 없는 경우 이사의 보수지급 청구권 퇴직위로금을 중심으로, 중앙법학 제6집제호, 중앙법학회 2014.12
- 이다원. 임원보수공시에 관한 현황 분석 및 제도 점검, CGS Report 제5권제7호, 한국기업지배구조원, 2015
- 정경영. 이사보수환수에 관한 회사법적 검토(대법원 2015.9.10.선고2015 다213308 판결) 법조통권 제20호, 법조협회, 2016.12

- 기업공시 질의회시. 금융감독원
- 노동관계법 질의회시. 고용노동부
- 법인세법, 소득세법 등 질의회시. 기획재정부, 국세청
- 상법·회사법 관련 판례. 대법원, 법제처 국가법령정보센터

저자소개

강 석 원

현재 중소기업의 성장과 경영을 연구하고 컨설팅하는 KOFE HOUSE 대표 겸 KOFE 임원보수규정센터 소장이다. 연세대학교 동 대학원에서 경영 법무를 전공 및 졸업하고, 한국재정경제연구소 국장·실장·소장, 공우화학(주) 대표이사를 역임하였다.

1990년부터 현재까지 700여 기업과 단체 등의 〈임원보수 제 규정〉을 작성·교육·컨설팅 등을 수행하였다. 다수의 기업과 대학 등에서 회사법, 경영법무, 경영관리, 경영전략, 인사관리, 조직관리, 기업윤리, 창업과 경영, 사업계획, 목표관리, 회사규정 설계와 작성, 임원보수제규정 설계와 작성, 스톡옵션 부여와 행사 등의 과목과 분야에 출강하고 있다.

저서로 KOFE 회사규정집, 총무인사 업무매뉴얼, 경영관리매뉴얼, 개인기업의 법인전환, 인사노무관리, 사업계획서 작성, 기업경영입문, 취업규칙과 근로계약, 주식매수선택권 부여와 행사, 목표관리실무 등 다수가 있다.

논문으로 "취업규칙의 변경에 대한 문제점에 관한 연구(연세대학교)" 등이 있다.

⊕ 임원보수 제 규정 작성·교육·컨설팅 안내

KOFE 임원보수규정센터

전화 02) 562-4355   팩스 02) 552-2210
메일 kofe@kofe.kr   홈페이지 www.kofe.kr

임원 보수와 퇴직금 규정 작성매뉴얼

발행일   2015년 11월 15일 1판 1쇄 발행
            2023년 09월 15일 5판 1쇄 발행

저자   강석원
발행처   한국재정경제연구소 《코페하우스》
출판등록   제2-584호(1988.6.1)

주소   서울특별시 강남구 테헤란로 406, A-1303
전화   (02) 562 - 4355
팩스   (02) 552 - 2210
전자우편   kofe@kofe.kr
홈페이지   www.kofe.kr

ISBN   978-89-93835-73-1 (13320)

값   35,000원